OTROS LIBROS DE MIKE MICHALOWICZ

El empresario del papel higiénico
El Gran Plan
La ganancia es primero
Surge
El sistema Clockwork

UN
PASO
A LA
VEZ

MIKE MICHALOWICZ

AUTOR BESTSELLER DE *LA GANANCIA ES PRIMERO, EL SISTEMA CLOCKWORK* Y *EL GRAN PLAN*

UN PASO A LA VEZ

DETECTA Y SATISFACE LAS NECESIDADES DE TU NEGOCIO PARA LLEVARLO AL SIGUIENTE NIVEL

conecta

Un paso a la vez
Detecta y satisface las necesidades de tu negocio para llevarlo al siguiente nivel

Título original: *Fix This Next*

Primera edición: febrero, 2021

D. R. © 2020, Mike Michalowicz

D. R. © 2021, derechos de edición mundiales en lengua castellana:
Penguin Random House Grupo Editorial, S. A. de C. V.
Blvd. Miguel de Cervantes Saavedra núm. 301, 1er piso,
colonia Granada, alcaldía Miguel Hidalgo, C. P. 11520,
Ciudad de México

penguinlibros.com

D. R. © 2020, Elena Preciado, por la traducción

ISBN: 978-607-319-963-6

Impreso en México – *Printed in Mexico*

Los superhéroes sirven al mundo.
Los dueños de negocios son superhéroes.
Este libro está dedicado a ti,
superhéroe,
porque sirves a nuestro mundo.

Índice

Como lector de este libro, tienes derecho a descargar de forma gratuita todos los recursos en FixThisNext.com (sólo en inglés). En las últimas páginas de este libro encontrarás la herramienta de evaluación Un Paso a la Vez *en español.*

Introducción

" ¡Te debo una cerveza!"

El asunto del correo electrónico de Dave Rinn me llamó la atención. Lo leí.

"Estaba aquí sentado, solo, devastado. Acababa de perder a un miembro de mi equipo por un movimiento dentro de la compañía y otro estaba en Hawái. En vez de tres personas llevando la carga, sólo estaba yo, aplastado bajo ella. Solíamos hacer todo lo que surgiera en el camino, pero con dos personas fuera era claro que nuestro enfoque de darle la misma importancia a todo no estaba funcionando. Necesitaba hacer las cosas correctas, no todas. Pero me sentía paralizado por la multitud de opciones. Era como tratar de recorrer todos los caminos al mismo tiempo. ¿Cuál seguir? No sabía qué hacer ahora."

Sentado, devastado, aplastado. Sentirse paralizado. No saber qué paso dar. Sí. Suena cierto. Algunos dueños de negocios se sienten así de vez en cuando. La mayoría se siente así todo el tiempo. Ese peso implacable de sentirse enterrado por todos los problemas que necesitan solución afecta a los dueños de compañías en cada nivel de experiencia y éxito. No importa si acabas de empezar tu empresa o si eres el líder de la industria; no importa si sufres para pagar la nómina o si tienes ganancias: la necesidad urgente de arreglar todo, como ahora, hace que te paralices. ¿Qué problema debes abordar primero?

Dave dirige una firma de asesoría y gestión de recursos financieros. La mayoría de los días su solución para el agobio es una respuesta instintiva: poner más gente a hacer más cosas. Pero cuando perdió a dos miembros de su equipo fue bendecido con el conocimiento de que no todo tiene la misma importancia. De pronto estaba lidiando con todos los aspectos de su negocio: ingresos, contabilidad, programar llamadas de asesoría, hacer las llamadas de asesoría, dar seguimiento. Todo. Con dos empleados menos, los eslabones débiles que desde hace mucho tiempo se sostenían con *pinzas* se ampliaron y se volvieron una crisis.

Y a todo esto… ¿por qué Dave dijo que me debía una cerveza?

Le marqué por teléfono y me explicó: "Siempre seguí mi instinto. Creía que cada problema debía abordarse. Que cada oportunidad debía aprovecharse o explotarse… En momentos como ésos, seguro me habría puesto en modo extintor y apagado todos los incendios que me quemaban la cola. Habría atendido a quien gritó más fuerte. Y cuando el equipo regresara, cambiaría de *modo extintor* a *despachador de emergencia*. Tendríamos los mismos problemas, excepto que ahora le diría a mi equipo cuáles incendios apagar. Apegados al flujo infinito de problemas urgentes, no teníamos un plan de crecimiento específico".

Pero ahora Dave tenía un arma secreta. Una herramienta simple, no en su caja de herramientas, sino impresa y pegada en su oficina.

"Pero esta vez me quedé mirando la pared y vi la herramienta que me diste la última vez que nos reunimos. Me recordó que debía calmarme, bajar la velocidad, salir del instinto y preguntar: 'Muy bien, en vez de hacer un poco de todo ¿qué debo arreglar ahora para que mi negocio avance?'".

La herramienta pegada en la pared de Dave es algo que llamo el análisis Un Paso a la Vez (UPV). Hace algunos años se lo di como parte de unas pruebas beta. Al usarlo, Dave descubrió que tenía cuatro problemas relacionados con su problema actual: dos relacionados con los compromisos de ventas y clientes y dos con el tema de la eficiencia en general (lo que yo llamo orden). En cuestión de minutos pudo descubrir qué paso tenía que seguir para hacer progresos duraderos y cómo abordarlo. Con rapidez identificó soluciones para manejar el problema de sistemas: ajustar los compromisos del cliente y el flujo de trabajo de su empresa.

Dave me dijo: "Sólo pensarlo fue un proceso tranquilizador. Ya no estaba girando sin control. Pensé: 'Puedo manejar esto. Ahora tengo un camino'. Me sacó de esa sensación de ahogo y fui capaz de detenerme y considerar qué nos faltaba y qué podíamos hacer para arreglarlo".

"La solución que se me ocurrió no fue sólo para el momento —continuó Dave—, fue una realineación del negocio para enderezarme y no ponerme en ese modo otra vez. La solución me ayudó ahora y me ayudará el próximo año. Puedo abordar los problemas actuales de mi compañía de manera que sirvan a mi empresa en el futuro. Ahora, cuando me pregunto qué hacer, me detengo un momento, evalúo qué debo abordar con el análisis UPV y vuelvo a mí, tranquilo, controlado y con mi negocio avanzando."

Por lo general, los empresarios me buscan porque necesitan ayuda para hacer un cambio importante o resolver un problema grande. Algunos han alcanzado una meseta y, sin importar cuánto lo intenten, no pueden subir de nivel. O salir de un hoyo financiero. Quizá tienes los mismos problemas con tu negocio, tal vez tienes mucho personal y aun así estás súper cansado. O perdiste la pasión hacia tu negocio porque no ves el impacto que esperabas causar. Quizá estás buscando una forma de dejar tu huella en las siguientes generaciones, pero no sabes cómo lograrlo. Ya sea que estés en modo crisis, que quieras expandir tu negocio o causar un impacto duradero en nuestro planeta, *Un paso a la vez* encuentra el problema crítico que debes arreglar… (redoble de tambores) ¡ahora! Cuando estás en *modo extintor*, UPV te da la pausa necesaria para identificar el problema principal. Cuando las cosas se mueven, pero no avanzan, UPV te señala tu verdadero norte.

He enseñado este sistema a cientos de empresarios y asesorado a muchos de ellos. Sabía que funcionaba en el laboratorio, pero éste fue el primer correo electrónico que recibí sobre cómo el UPV funcionó *en la vida real* (sin mi consejo directo). Escuchar que la herramienta que desarrollé y probé en mi negocio a lo largo de los años de verdad funcionó para otro empresario me alegró el día. (*Yo te debo una cerveza, Dave.*) Aprender de muchas otras personas, como ocurriría en los meses siguientes, que el sistema funcionaba tanto para los bomberazos de pánico a corto plazo como para las estrategias de crecimiento a largo plazo ¡me alegró todo el año! Y escuchar que una sola hoja de papel colgada al lado de tu escritorio (como la mía) podía darte el control total de tu negocio… eso, amigo mío, *eso*… me alegrará la vida entera.

Ya sean problemas de personal, tratar de pagar la nómina o declarar un objetivo de mayores ventas, más eficiencia, más ganancias o todo a la vez… la mayoría de los empresarios dedican sus días a lidiar con los problemas aparentes. Sabemos que tenemos retos principales que necesitamos abordar y problemas que debemos arreglar, pero no estamos seguros de en cuáles enfocarnos primero, así que optamos por lo más a la mano. Vemos lo que, obviamente, parece que necesita un arreglo urgente y nos decimos que trabajaremos en *todo lo demás* después. Ya sabes, cuando tengamos más tiempo. (Seguro sientes mi sarcasmo, incluso desde el espacio exterior.)

Como escribí cinco libros antes que éste (cada uno con un desafío comercial diferente), con frecuencia los empresarios me preguntan: "Mike, ¿qué libro debo leer primero?" Una buena pregunta a la que solía dar una respuesta pobre. Casi siempre decía: "Deberías leer *El sistema Clockwork.*" O el libro que mi sesgo pensara a propósito. Mis respuestas no se basaban en lo que servía a mi lector tanto como en lo que más me entusiasmaba en ese momento. Ya sabes, lo aparente.

En la actualidad, respondo la pregunta con otra. Cuando la gente dice: "¿Qué libro debería leer?" Contesto: "¿Cuál es el paso que necesitas dar?" Si necesitas aumentar las ventas y tu base de clientes, creo que *El Gran Plan*[1] te dará una estrategia comprobada

---

[1] Visita PumpkinPlanYourBiz.com para obtener recursos gratuitos y acceso a asesores certificados del Pumpkin Plan (disponible sólo en inglés).

para hacerlo. Me siento bendecido porque todos los días escucho de otro negocio que tuvo un crecimiento saludable *planeado a lo grande* con gran efecto. Si tus ventas son sostenibles, pero sigues luchando para poner dinero en tu bolsillo, entonces, humildemente, te diría que ahora leas *La ganancia es primero*.[2] Me siento orgulloso, honrado y humilde (todo al mismo tiempo) de decir que cientos de miles de empresarios tienen negocios rentables porque siguieron los métodos detallados en ese libro. Y si sigues encadenado a tu escritorio, preguntándote cuándo saldrás de esa rueda de hámster llamada "tu negocio" y volverás a hacer el trabajo que más te gusta, entonces *El sistema Clockwork*[3] es tu mejor opción. Los empresarios de todo el mundo (incluyéndome) están diseñando sus compañías para funcionar solas y darse unas vacaciones anuales de cuatro semanas porque siguen los sistemas que comparto en ese libro. Si tu problema es de contrataciones, liderazgo, técnicas de ventas o uno de los muchos desafíos comunes, la solución está en uno de los muchos libros extraordinarios escritos por mis contemporáneos.

Aun así, la pregunta permanece. ¿Ahora cuál es el siguiente paso? La respuesta a esta simple pregunta es de importancia crítica, pero pocos empresarios saben cómo contestarla. De todos los retos que enfrentamos, no estamos seguros de cuál es el más importante *en este momento*. Es una preocupación seria. Cuando tienes tantos problemas en tu lista, ¿cómo estar seguro de qué problema u oportunidad necesitas abordar primero? Si estás enfocado en lo aparente, eliges el problema que parece decisivo en el momento. Tiene sentido, ¿verdad? Sabes cuál es el problema porque el instinto te lo dice, porque estás conectado con el resultado de manera emocional o porque es un problema fácil para ti.

---

[2] Revisa ProfitFirstProfessionals.com para obtener recursos gratuitos y solicitar el servicio de un experto certificado en La Ganancia Es Primero (disponible sólo en inglés).

[3] ¡Lo adivinaste! Encontrarás recursos gratis y ayuda de expertos en RunLikeClockwork.com (disponible sólo en inglés).

Aquí es donde esperarías que te dijera cuál reto abordar primero… (Como explicaré más adelante, no necesariamente se trata de las ganancias, aunque mi libro *La ganancia es primero* te haga pensar otra cosa.) Excepto que no sé cuál es. Y la verdad, tampoco creo que tú lo sepas.

Por eso desarrollé una herramienta para encontrar los mayores retos y oportunidades en un negocio de manera rápida y en cualquier momento. Había seguido los principios durante años y mis libros reflejaban eso, pero no había descubierto cómo desglosarlo para otros empresarios.

La herramienta que creé te saca del modo adivinanza y te lleva a la acción deliberada, impactante y rápida. Perfeccionarla me llevó casi tres años, la probé muchas veces en mi negocio y con otros empresarios. Ahora sólo tienes que entender y seguir un proceso de cuatro pasos. En serio, es tan fácil que se puede hacer en menos de quince minutos (y sí, tengo una historia sobre eso en este libro). La herramienta es tan simple que en el capítulo 3 habrás dominado los conceptos básicos y estarás listo para usarla todos los días. De hecho, si sacas una copia de la herramienta ahora mismo (está en las últimas páginas de este libro) o la descargas en inglés (en FixThisNext.com), puedes fijarla sobre tu escritorio y consultarla cada vez que lo necesites (como Dave). Espero que se vuelva tu mejor amiga, tu asesora, el *consigliere* que te susurra en el oído antes de tomar una decisión crítica.

¿Por qué la herramienta Un Paso a la Vez es tan efectiva? Funciona porque, en vez de conectar con tu instinto o tus emociones, se conecta con las necesidades de tu negocio (las necesidades básicas que tienen todas las empresas, negocios, firmas, organizaciones o compañías, sin importar su tamaño o industria) y te da un orden para lidiar con ellas. Cuando abordamos lo aparente, podemos pasar por alto una *necesidad vital* que debe arreglarse *primero*. Al resolver esa necesidad, los problemas aparentes (y otros no tanto) se resuelven de manera casi automática.

Piénsalo así: construyes una casa desde cero. Primero necesitas un cimiento sólido, luego un primer piso fuerte, después un segundo piso y así de forma sucesiva. Si no consideras qué soporta qué, en qué secuencia, la estructura colapsará. Es lo mismo para tu negocio. Enfocarte en lo aparente es como cambiar las ventanas del tercer piso mientras el sótano está en peligro de desmoronarse por las grietas de los cimientos.

En cada libro que escribo, mi objetivo principal es simplificar algunos aspectos del espíritu o la iniciativa empresarial. Esto para que puedas usar con facilidad los sistemas y estrategias que presento con el fin de cumplir tus objetivos comerciales. Incontables empresarios me han compartido las transformaciones que experimentaron sus negocios tras aplicar una o más herramientas de mis libros anteriores. ¿Pero este libro? Este libro tiene la madre de todas las herramientas en mi (claramente) no-tan-humilde opinión.

De ahora en adelante, cuando la gente me pregunte cuál de mis libros recomiendo leer primero, tendré la respuesta fácil. *Este libro.* Empieza con *Un paso a la vez.*

¿Cuánto tiempo pasé apagando incendios y estableciendo objetivos al azar para mi compañía? Antes de seguir los principios en los que se basa la herramienta Un Paso a la Vez, casi todo mi tiempo lo dedicaba a lo aparente. Cuando descubrí cómo identificar en qué paso enfocarme, mi negocio creció más rápido y saludable. Desde que creé la herramienta dejé de confiar sólo en mi instinto y empecé a usar este sistema para escuchar y responder a las verdaderas necesidades de mi empresa. Más importante, me comprometí a empoderarte, amigo mío, para que nunca vuelvas a perder una oportunidad. Espero que este libro sea un recurso al que vuelvas una y otra vez, porque la herramienta nunca deja de funcionar. Siempre puedes consultarlo para identificar tu mayor reto, solucionarlo y después identificar el siguiente paso, a medida que construyes tu hermoso negocio, piso por piso. ¿Y quién sabe? Quizá un día también te deberé una cerveza.[4]

---

[4] Si quieres, estoy dispuesto a cambiarlo por un tequila gimlet o un whisky old-fashioned.

El éxito empresarial es un viaje, algo que debes navegar para la eternidad de tu compañía. Estoy convencido de que la herramienta que vas a descubrir aquí será tu guía definitiva. También me doy cuenta de que hojear un par de cientos de páginas o escuchar horas de audio para volver a la herramienta quizá no sea la mejor forma de usar tu tiempo. Por eso creé una colección de recursos para una referencia rápida. Encontrarás una hoja explicando la herramienta, la evaluación en línea más actualizada (y mejorada con regularidad), acceso a asesores certificados que usan *Un paso a la vez* y más. Todo es gratis y está disponible en FixThisNext.com.

Estás mucho más cerca de lo que crees de tus objetivos. Sólo necesitas moverte en la dirección correcta. Deja que este libro sea tu brújula.

Un paso a la vez

Capítulo 1

La brújula del dueño de un negocio

Llegas a tu escritorio en la mañana, te pones el equipo de bombero (lentes, aplicación de correo electrónico y taza de café con doble carga de expreso) y empiezas a apagar incendios. Calmas al cliente enojado. Envías la propuesta que faltaba. Te haces bolas para cubrir la nómina (después de dar a tus empleados un discurso sobre el *futuro brillante* de la compañía). Todo el tiempo apretando y cruzando las piernas por esa tercera taza de café porque… ¿quién tiene tiempo de ir al baño? (¿verdad?).

Incluso cuando encuentras tiempo para dedicarte a ese gran proyecto que has pospuesto una y otra vez, surge una pregunta que ruega ser contestada: "¿De verdad importa?" Esta gran cosa que por fin vas a abordar ¿de verdad tendrá un impacto significativo?

Durante más de una década, parecía que los incendios que más apagaba se relacionaban con la falta de dinero en efectivo. Tenía una deuda en la tarjeta de crédito absurda, un megapréstamo máximo: una casa hipotecada de nuevo para cubrir la nómina y la constante sensación de opresión en el pecho, como si tuviera un ataque cardiaco continuo, hora tras hora, día tras día y mes tras mes. Tuve que pedir prestado a mis amigos para pagar la renta de la compañía, diciendo de forma incómoda (y pseudocreyendo) que era una inversión para nuestro crecimiento. Dejaba los estados de cuenta de mis tarjetas de crédito sin abrir en el escritorio por miedo a ver cuánto debía. La deuda de mi tarjeta de crédito había superado los 75 mil dólares… y no incluía préstamos personales ni comerciales.

En mi desesperado estado, me concentré en la solución más aparente: las ventas. Hice todo lo que pude para vender más cosas a más clientes. Lo admito, trababa de vender lo que fuera a quien fuera. Más ingresos eran una solución obvia, pero aunque las ventas aumentaron, las ganancias no. De hecho, de forma inexplicable, conforme la compañía generaba más dinero, yo acumulaba más deudas. Maximicé todas las fuentes de préstamos y quedé con un saldo de más de 350 mil dólares en deuda *personal*. Sí, mi negocio hizo más dinero mientras cavaba mi tumba financiera. ¿Qué diablos estaba pasando? ¿Por qué el aumento de las ventas no arregló el negocio? Para mí esto no tenía ningún sentido.

Si conoces mis otros libros, quizá ya conoces mi historia y sabes que con el tiempo me di cuenta de que más ventas por sí solas no ayudan al negocio, en realidad lo lastiman. La historia que no he contado es cómo entendí que debía buscar la solución en otro nivel.

En el fondo de mi desesperación tuve un momento de inspiración. Una fatídica mañana, mi impresora se atascó y no pude hacerla funcionar. Saqué la bandeja y el tóner, abrí cada tapa y puse todo en su lugar otra vez. Nada. Seguía atascada. Intenté ese arreglo de nuevo. Saqué la bandeja, el tóner, abrí cada tapa y puse todo en su lugar otra vez. Nada todavía. Hice la misma secuencia de pasos otra vez, sólo que más fuerte. Abrí la bandeja y la azoté al cerrar. Saqué el tóner, lo sacudí como una lata de pintura en aerosol y lo coloqué con fuerza en su lugar. Abrí todas esas estúpidas tapas y las cerré de golpe. Hice esto una y otra vez con creciente frustración y fuerza (y seguro una o dos maldiciones) hasta que me di cuenta de que estaba repitiendo los mismos pasos inútiles una y otra vez. Debía probar algo diferente. En vez de aventar la impresora por la ventana (lo cual estaba muy tentado a hacer), me detuve, respiré y reflexioné. Como lo que estaba haciendo no funcionaba y con la fuerza que estaba usando quizá empeoraría las cosas... ¿qué más podía hacer ahora?

Me fijé en la parte de atrás y descubrí un pequeño pedazo de papel arrugado atrapado en el alimentador. Quité ese bloqueo con una combinación de tijeras, un clip y mi fantástico dominio de yoga para manos… y regresé a trabajar. ¡Entrada triunfal de la epifanía! Me di cuenta de que si el enfoque que estoy usando para arreglar un problema no funciona a pesar de los miles de intentos y de mi instinto de hacer lo mismo, pero más fuerte, bueno pues ese enfoque no es la solución. En ese momento me pregunté: ¿qué tal que el problema de mi compañía no está en las ventas sino atascado en alguna otra parte? En vez de *vender más, vender más fuerte*, me detuve y reflexioné dónde estaba el verdadero bloqueo de mi negocio.

Descubrí que el aparente problema de ventas en realidad era un problema de ganancias. Todo mi esfuerzo para atraer nuevas ventas no iba a funcionar porque estaba trabajando en el problema equivocado. Los pasos que seguí después surgieron de este entendimiento y terminaron por salvarme a mí y a mi negocio. Aplicando la solución que se me ocurrió, mi empresa se volvió rentable de manera permanente casi de la noche a la mañana. Cuando publicamos este libro llevaba cuarenta y cinco (sí, cuarenta y cinco) trimestres consecutivos de distribuciones de ganancias *para mí*, el dueño del negocio. Esta solución fue la base del sistema Profit First (La Ganancia es Primero), el cual ayudó a miles de negocios a volverse rentables.

Lo curioso es que la solución de tomar primero la ganancia para mi negocio es muy simple y estoy seguro de que no soy el primero que lo ha pensado. Sospecho que has tenido ideas similares. No se trata de encontrar la solución, seguro ya la tienes en la mente o alguien ya escribió un libro sobre eso. El truco es el momento. Aplicar la solución correcta en el momento incorrecto genera poca ganancia y mucha frustración. La clave es aplicar la solución correcta en el momento correcto de la evolución de tu compañía. La clave es saber qué paso sigue.

En los últimos doce años me dediqué al estudio de los negocios y el emprendimiento. Llevo casi tres décadas viviendo los negocios en carne propia. Entendí que todos los dueños de empresas luchan en todos los niveles. Muy pocos logran sus grandes planes de ingresos o de cambiar el mundo. Y los pocos que lo logran parece que al final terminan perdiendo el camino en algún momento. Esto n debe a una falta de experiencia, recurso o dinero (las tres respuestas más comunes a la pregunta ¿por qué un negocio falla?). El mayor problema que tienen los dueños de negocios es que no saben cuál es su mayor problema. Lo repetiré para las personas de atrás:

El mayor problema de los empresarios es que no saben cuál es su mayor problema.

Aseguramos que no porque cada problema parece ser el gran problema: un incendio que debe apagarse antes de convertirse en un infierno. Sospecho que en este momento sientes lo mismo por tu negocio. O piensas que sabes de manera exacta lo que necesitas arreglar, eso que, si sólo pudieras resolverlo, harías que por fin todo funcionara. Échalo, quizá tienes una lista con *todas* esas cosas que debes abordar para lograr (por fin) los objetivos que te has planteado. Hasta puedes creer que la solución sólo es seguir trabajando (no lo es). Pero incluso cuando logras manejar un problema con éxito (es más, todos los problemas), no parece que tu negocio avance a lo grande.

En el pasado muchas veces caí en la trampa de arreglar cualquier problema que se me presentara. Ya fuera que estuviera salvando el día o sólo tratando de llevar mi compañía al siguiente nivel, corría como loco entre los problemas aparentes. Ya sabes, las cosas obvias, las ruedas chirriantes… Porque (y sé que entiendes esto) en cualquier momento siempre hay un montón de problemas que requieren tu atención. Entonces, confiando en mis instintos, sólo elegía el que parecía más urgente y me concentraba en él. En este proceso de atender los problemas aparentes estaba ignorando el más impactante. Todo esto resultó en una carrera continua de solución de problemas y aun así mi negocio estaba atascado.

A veces (raro, pero a veces) resuelves un problema y tu negocio *da un salto* hacia adelante. Fiu. Qué alivio. Ves movimiento positivo. En ese instante el futuro se ve tan brillante que sacas la sombrilla (de oro). Todo es perfecto… hasta que no lo es.

Antes de que te des cuenta, tu negocio se tambalea y vuelve a tener problemas. Por eso este resultado es peor porque probar el éxito y atascado otra vez no sólo es frustrante, también es costoso y desmoralizador. Llamo a esto la *trampa de la supervivencia*. Por desgracia, he descubierto que es la situación más común en la que se encuentran los empresarios. Realizan las acciones necesarias (muchas veces en pánico) para mantener el negocio vivo hoy y luego repiten el patrón mañana… y pasado mañana… El objetivo de cada día sólo es sobrevivir ese día.

La *trampa de la supervivencia* se manifiesta de muchas formas diferentes. Si ya leíste mis libros anteriores, seguro te suena familiar. Cuando la falta de flujo de efectivo aparece en nuestro negocio a menudo arrojamos los pesos restantes a los problemas y oportunidades inmediatos, con la esperanza de que, como resultado, las ganancias se materialicen mágicamente. Cuando se trata de nuestro tiempo nos sobreexigimos y agotamos a nuestra gente al trabajar jornadas más largas, apagando incendios y persiguiendo objetivos trimestrales arbitrarios en lugar de construir sistemas sostenibles. Y cuando se trata de arreglar el negocio nos descubrimos parchando los problemas obvios, sólo para preguntarnos por qué siguen pasando una y otra vez.

Si este ciclo te parece demasiado real y te preguntas si será posible salir de él… anímate. Los empresarios son solucionadores naturales de problemas. Eres un solucionador de problemas. No pusiste en marcha un negocio sin serlo. Así que tu compañía no se está retrasando porque estás frente a un problema sin solución. Puedes arreglar cualquier cosa que te detenga… siempre y cuando descubras qué necesitas arreglar y en qué orden.

Puedes hacer avanzar tu negocio en grandes pasos y en poco tiempo. La visión de tu negocio *puede* convertirse en realidad. Y *lo hará* cuando descubras cuál es tu gran problema en este momento y te dediques a arreglarlo.

No puedes salir del bosque sólo por instinto

Amanda Eller quiso caminar entre el bosque hawaiano, pero terminó perdida durante diecisiete días, aferrándose a la vida. Su plan era dar una caminata de cinco kilómetros. En un punto se sentó en un tronco para meditar. Cuando terminó quiso regresar a su auto, pero estaba desorientada y no sabía qué camino tomar.

"Tengo un fuerte sentido de orientación interna o como quieran llamarlo, una vocecita, un espíritu, cada quien tiene un nombre diferente para él", dijo a los reporteros después de que un equipo de rescate la encontró. Pues resulta que su *guía interna* parece que se descompuso ese día. Y siguió fallándole durante dieciséis días consecutivos. Probó un camino, luego otro. Incluso terminó en un camino que no era de humanos, sino de jabalíes. Síp. Leíste bien. Su guía interna la llevó por un camino de jabalíes. Ya sabes, esas bestias mitad cerdo salvaje, mitad minirrinoceronte que intentan empalarte si las miras de forma incorrecta. Ese camino de jabalí.

Cuando los rescatistas encontraron a Eller, estaba herida de gravedad (no por un jabalí, lo cual fue una suerte), apenas podía moverse y había perdido la esperanza de ser hallada. Estaba a unos cuantos kilómetros de su auto.

¿Qué la hubiera ayudado a encontrar el camino de regreso? Tiempo después admitió que fue irresponsable y que debió llevar su celular y agua. Tampoco traía brújula en caso de que la batería del celular se acabara o no pudiera encontrar señal para usar la aplicación de mapas en su celular. La magia de una brújula es que no necesitas baterías, cargadores de teléfono o GPS, funciona en casi cualquier condición meteorológica y está lista para orientarte las veinticuatro horas, siempre que la necesites. Si Amanda hubiera traído una básica, una simple, de bolsillo, sin campanas ni silbatos (y supiera cómo usarla), habría llegado a casa sana y salva y a tiempo para cenar.

Siempre he sido un gran creyente de trabajar *con* mi naturaleza humana para lograr un objetivo, en vez de tratar de *cambiar* mi forma de ser. ¿Por qué ir por el camino largo? ¿Por qué tomar una desviación de diecisiete días que amenaza tu vida a través del bosque? Por eso diseñé el sistema Profit First para trabajar con la tendencia natural para manejar los negocios por medio de cuentas bancarias. Antes gastaba todo lo que tenía, basado en cuánto efectivo había metido al banco ese día (aun cuando sabía que debía reservar una parte para impuestos o la compra de un gran equipo). Siempre intentaba *no gastar* mi saldo bancario, pero era un juego de voluntades. Y casi siempre perdía. Sólo al asignar mis ingresos en cuentas como utilidades, impuestos y otras, me aseguré de que, aun cuando gastaba en gastos operativos, seguía teniendo dinero para todo lo demás, en especial ganancias.

Entonces, lo que de verdad necesitamos son sistemas que funcionen *con* nuestras tendencias naturales. Puedes seguir usando tu instinto para explorar un terreno, pero una brújula asegurará que tus instintos te guíen en la dirección correcta. De la misma manera, Un Paso a la Vez es un sistema simple que funciona como una brújula para tu negocio. Cuando lo aplico siempre me señala en la dirección que debo ir y uso mis instintos para abordar el terreno inmediato. Y tú también lo harás.

Orientar tu negocio empieza con lo que ves como una barrera en el camino hacia adelante de tu empresa y, entonces, con cuatro simples pasos te enfocas en la dirección que debes seguir (es decir, el problema que necesitas resolver).

La pirámide de necesidades de los negocios

Quizá has escuchado la creencia común de que las acciones para impulsar el crecimiento están determinadas por el nivel de ingresos de tu negocio. Por ejemplo, *dicen* que cuando logras 250 mil dólaresen ingresos anuales seguro necesitas un empleado de tiempo completo. Cuando llegas a un millón de pesos necesitas dominar la especialización del nicho. A los 5 millones debes construir una caja fuerte con efectivo. Cuando alcanzas los 10 millones los sistemas son todo. Entiendo este pensamiento, y aunque estas guías a veces se aplican, no tienen mucho sentido en nuestros días.

Por sí solos, los ingresos no son un marcador confiable para el crecimiento saludable del negocio. Una empresa que genera 250 mil dólares de ingresos anuales puede tener más éxito que uno que genere 250 millones.[1] De hecho, una compañía pequeña puede brindar más alegría a los propietarios, tener un mayor porcentaje de ganancias, ser más eficiente, tener un mayor impacto en su industria y comunidad, y crear un legado notable que supere con creces a una empresa que tiene cien veces más ventas.

El viejo modelo de etapas comerciales vinculadas a los ingresos es una perspectiva demasiado estrecha para las empresas modernas. En parte, también está arraigado por el ego. ¿Por qué queremos construir un negocio multimillonario? ¿Es porque ese número alimentará objetivos personales y profesionales predeterminados? ¿O es porque queremos ser capaces de *decir* que construimos un negocio multimillonario? Necesitamos ser honestos con nosotros y admitir que nuestros objetivos de ingresos muchas veces son arbitrarios y a veces (sólo a veces) basados en la necesidad de escuchar a nuestros amigos decir: "¡Qué fuerte! ¡Eso es muy impresionante!" (O cualquier cosa que tus amigos raros digan.)

Creo que hay un mejor modelo para ayudar a iluminar las estrategias comerciales correctas y es posible que ya lo conozcas. En 1943 Abraham Maslow identificó lo que ahora se conoce como la pirámide de Maslow o jerarquía de necesidades de Maslow. La presentó por primera vez en un artículo titulado "A Theory of Human Motivation" (Una teoría de la motivación humana). La teoría de Maslow establece que hay cinco categorías de necesidad humana. Desde las más básicas y esenciales para la supervivencia hasta las más altas necesidades de felicidad y realización. Las cinco categorías son:

1) **Fisiológicas:** Son las más críticas para la supervivencia humana, incluye necesidades como aire, comida, agua, refugio, sexo y descanso.

---

[1] Por desgracia, conforme escribía esta sección, un buen amigo mío que tenía una compañía de 250 millones de dólares se declaró en quiebra. Los aplastó la incapacidad de entregar sus servicios tan rápido como necesitaba para mantener un flujo de efectivo saludable.

2) ***Seguridad:*** En este segundo nivel los humanos se concentran en un ambiente seguro y protegido, salud y seguridad financiera.

3) ***Pertenencia:*** Al subir al tercer nivel buscamos amor, amistad, comunidad, familia e intimidad.

4) ***Estima:*** En el cuarto nivel los humanos se centran en la confianza, autoestima, logro y respeto.

5) ***Autorrealización:*** En el quinto nivel, el más alto, los humanos tienen sed de moralidad, creatividad, autoexpresión y ayudar a otros a lograr la autorrealización. Maslow afirmó que en este nivel nos damos cuenta de todo nuestro potencial.

Sé que eres una lumbrera, así que, incluso si nunca has escuchado sobre la pirámide de Maslow, seguro te darás cuenta de que, para lograr algo más alto de la lista, primero debemos asegurarnos de cumplir nuestras necesidades de los niveles de abajo. Así, por ejemplo, antes de concentrarte en satisfacer tus necesidades de amor y pertenencia, primero necesitas lo básico: aire para respirar, hidratación, nutrición adecuada y un lugar seguro para dormir. Es bastante difícil trabajar en tu autorrealización si estás cansado y hambriento.

Figura 1. Pirámide de Maslow

Incluso cuando los humanos tenemos cubiertas todas nuestras necesidades en la vida cotidiana, a veces nos encontramos en la base de la pirámide. Podrías sentirte autorrealizado mientras masticas una hamburguesa doble de queso con tocino… pero nada importaría en el segundo en que un pedazo de Angus se atora en tu tráquea. De pronto estarías forzado a lidiar con una de las necesidades más básicas: aire. Ya no se trata de contemplación intelectual. Ahora todo gira en torno a sacar ese pedazo de carne de tu garganta.

Muy bien, ¿y eso qué tiene que ver con operar un negocio? Al observar la pirámide de Maslow me di cuenta de que había una correlación directa con el progreso empresarial: ¿qué impulsa tu negocio? ¿Qué mantiene a tu compañía atrapada? ¿Cómo arreglas los obstáculos en el camino para lograr los niveles más altos del éxito que tú (el empresario) defines? Todo está en la pirámide de Maslow, sólo con algunos ajustes y cambios para adaptarse a la dinámica de los negocios.

Justo como afirmó Maslow, primero debemos satisfacer nuestras necesidades básicas antes de enfocarnos en niveles más avanzados como el amor, la pertenencia y la autorrealización. Del mismo modo, una empresa saludable primero debe atender las necesidades básicas de ventas, ganancias y orden antes de que el líder (tú) pueda concentrarse en objetivos más avanzados como impacto y legado. La clave para subir la pirámide es simple: satisfacer por completo el nivel actual de necesidades de tu negocio sin apresurar las demandas diarias aparentes, sin abordar las necesidades avanzadas antes que las básicas y, obvio, sin tratar de arreglar todo al mismo tiempo. Para hacerlo, usaremos lo que llamo la *pirámide de necesidades de los negocios* de Maslow (PNN).

Empezando con lo más esencial, la pirámide se ve así:

Figura 2. La pirámide de necesidades de los negocios

Dentro de cada nivel hay necesidades que se deben satisfacer de manera adecuada antes de concentrarte en el nivel superior. Así como todos lo humanos necesitamos asegurar el agua y la comida antes de trabajar en nuestra autoestima, tu negocio primero debe enfocarse en las necesidades básicas.

Tras tres años de investigar y practicar (y estrellar la cabeza contra la pared varias veces), identifiqué cinco *necesidades básicas* dentro de cada nivel de la PNN. Los enlisto a continuación. Profundizaremos en cada uno en los capítulos 3 al 8.

Ventas

En este nivel básico el negocio se debe enfocar en generar dinero en efectivo. Así como los humanos no pueden sobrevivir sin oxígeno, alimentos y agua, si no tienes ventas, tu empresa no sobrevivirá mucho. ¡Cómo te explico! Sin ventas, ni siquiera tienes un negocio. Abordar las cinco necesidades de VENTAS asegura que tu base funcione bien y pueda soportar el siguiente nivel: GANANCIAS.

He aquí las cinco necesidades básicas y sus preguntas correspondientes para el nivel de VENTAS:

1) ***Congruencia con el estilo de vida:*** ¿Sabes cuál debe ser el rendimiento de ventas de la compañía para mantener tu comodidad personal?

2) ***Atracción de prospectos:*** ¿Atraes suficientes prospectos de calidad para respaldar las ventas que necesitas?

3) ***Conversión de clientes:*** ¿Conviertes suficientes prospectos en clientes para respaldar las ventas que necesitas?

4) ***Cumplir los compromisos:*** ¿Siempre le cumples al cliente lo que prometes?

5) ***Cobrar:*** ¿Tus clientes cumplen sus compromisos por completo?

Ganancias

En el nivel de GANANCIAS, el enfoque de la empresa se mueve hacia la creación de estabilidad. Aquí, las necesidades de nuestro negocio se alinean muy de cerca con las necesidades humanas de salud, estabilidad financiera, ambiente seguro y protegido. Ingresos masivos no significan mucho cuando no tienes ganancias, reservas de efectivo y estás ahogado en deudas. Cuando se satisfacen las cinco necesidades del nivel de GANANCIAS, te preparas para escalar tu negocio sin un colapso financiero.

He aquí las cinco necesidades básicas y sus preguntas correspondientes para el nivel de GANANCIAS:

1) ***Erradicación de la deuda:*** ¿Eliminas tus deudas en vez de acumular más?

2) ***Márgenes saludables:*** ¿Tienes márgenes de ganancias saludables dentro de tus ofertas y todo el tiempo buscas formas de mejorarlos?

3) *Frecuencia de transacción:* Por lo general ¿tus clientes prefieren comprar contigo que con otras alternativas?

4) *Apalancamiento positivo:* Cuando te endeudas ¿es para generar una rentabilidad mayor y predecible?

5) *Reservas de efectivo:* ¿El negocio tiene suficientes reservas de dinero en efectivo para cubrir todos los gastos durante tres meses o más?

Orden

En este nivel, la atención se centra en la creación de eficiencia y las necesidades se relacionan con garantizar que todo funcione como un reloj. Con todas las necesidades de eficiencia organizacional satisfechas, tu negocio funcionará (y crecerá) sin importar quién esté en tu equipo. Incluso puede crecer sin *ti*, el dueño del negocio.

He aquí las cinco necesidades básicas y sus preguntas correspondientes para el nivel de ORDEN:

1) *Minimizar el esfuerzo desperdiciado:* ¿Tienes un modelo permanente y funcional para reducir los cuellos de botella, ralentizaciones e ineficiencias?

2) *Alineación de roles:* ¿Los puestos y responsabilidades de las personas coinciden con sus talentos?

3) *Delegar resultados:* ¿La gente más cercana al problema tiene el poder de resolverlo?

4) *Redundancia de personas clave:* ¿Tu negocio está diseñado para funcionar sin los empleados principales?

5) *Buena reputación:* En tu industria ¿te reconocen por el ser el mejor en lo que haces?

Impacto

Ahora el enfoque está en crear transformación. Muchos negocios nunca abordan las necesidades de este nivel de manera adecuada porque no saben que existe este nivel o de qué se trata. Cuando pensamos en el impacto, pensamos en cómo nuestro negocio impacta al mundo. Pero las necesidades que abordamos en este nivel se relacionan con la transformación del cliente y la forma en que tu empresa se alinea con el personal, proveedores y comunidad, no con el resto del mundo.

He aquí las cinco necesidades básicas y sus preguntas correspondientes para el nivel de IMPACTO:

1) ***Orientación de transformación:*** ¿Tu negocio beneficia a los clientes a través de una transformación, más allá de la transacción?
2) ***Motivación de la misión:*** ¿Todos los empleados (incluyendo a los líderes) están más motivados por cumplir la misión que por sus puestos individuales?
3) ***Alineación de sueños:*** ¿Los sueños individuales se alinean con la gran visión del negocio?
4) ***Retroalimentación:*** ¿Tu gente, clientes y comunidad se sienten empoderados para dar retroalimentación crítica y halagadora?
5) ***Red complementaria:*** ¿Tu negocio colabora con proveedores (incluyendo competidores) que atienden a los mismos clientes para mejorar sus experiencias?

Legado

En este nivel, el más alto, el enfoque está en la creación de permanencia. Debes satisfacer necesidades específicas para asegurar que tu negocio y su impacto seguirán vivos después de ti. Si quieres que tu negocio siga prosperando para las generaciones venideras, considera las siguientes preguntas, como cuál es tu visión a largo plazo y cómo tu negocio se adaptará a los cambios de la industria, de la demanda de consumo y del mundo.

He aquí las cinco necesidades básicas y sus preguntas correspondientes para el nivel de LEGADO:

1) ***Seguimiento de la comunidad:*** ¿Tus clientes defienden, apoyan y ayudan al negocio de manera entusiasta?

2) ***Transición intencional del liderazgo:*** ¿Hay un plan para que el liderazgo cambie y se mantenga fresco?

3) ***Promotores con la camiseta puesta:*** ¿La organización es promovida por personas (dentro y fuera del negocio) que no necesitan dirección?

4) ***Dinámica trimestral:*** ¿Tu negocio tiene una visión clara de su futuro y, dinámicamente, se ajusta de forma trimestral para que dicha visión se haga realidad?

5) ***Adaptación continua:*** ¿El negocio está diseñado para adaptarse y mejorar de manera constante, incluyendo encontrar formas de hacerlo?

Para ser claros, los niveles de la PNN *no* representan etapas de crecimiento en el negocio. Son niveles de necesidades. Tu negocio no subirá la pirámide de manera lineal, sino que se moverá hacia arriba y hacia abajo conforme avance. Como al construir y renovar estructuras, no sólo subes. Vuelves a la base y apuntalas para construir más alto. Así, por ejemplo, aunque estés lidiando con una necesidad del nivel de VENTAS, no significa que tu compañía siga en la etapa de VENTAS. Sólo estás fortaleciendo los cimientos.

Estoy seguro de que piensas: *Quizá esa lista funciona para tu negocio, pero el mío es diferente.* Claro, tu empresa puede tener necesidades adicionales. Aunque esta lista no es exhaustiva, se necesita cada una de las necesidades básicas en todos los niveles para que un negocio sea saludable y prospere. Si tienes una necesidad que *no* está enlistada en la PNN, escríbela y guárdala para después. Te pido que confíes en el proceso y en esta ronda te enfoques en los cinco elementos esenciales de cada nivel de la PNN.

La mayoría de los empresarios intenta dominar todo al mismo tiempo. Fue mi *modus operandi* durante años. Intenté *de manera simultánea* tener impacto, ganar mucho dinero, trabajar cuando quisiera, crear un legado y tener montones de clientes. El problema es que priorizar todo al mismo tiempo significa que *nada* es prioridad. Igual que en la pirámide de Maslow, todos los elementos están en juego todo el tiempo. Pero sólo puedes concentrar tu energía en resolver un problema (dentro de un nivel) a la vez. La regla de oro es siempre satisfacer la necesidad más esencial (la más cercana a la base), antes de abordar una necesidad superior.

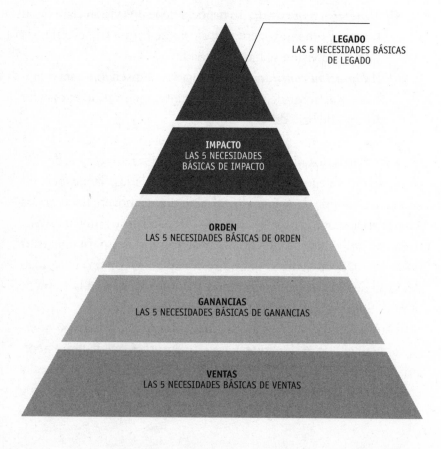

LAS 5 NECESIDADES BÁSICAS DE VENTAS:

- ☐ Congruencia con el estilo de vida
- ☐ Atracción de prospectos
- ☐ Conversión de clientes
- ☐ Cumplir con los compromisos
- ☐ Cobrar

LAS 5 NECESIDADES BÁSICAS DE GANANCIAS:

- ☐ Erradicación de la deuda
- ☐ Márgenes saludables
- ☐ Frecuencia de transacción
- ☐ Apalancamiento positivo
- ☐ Reservas de efectivo

LAS 5 NECESIDADES BÁSICAS DE ORDEN:

- ☐ Minimizar el esfuerzo desperdiciado
- ☐ Alineación de roles
- ☐ Delegar resultados
- ☐ Redundancia de personas claves
- ☐ Buena reputación

LAS 5 NECESIDADES BÁSICAS DE IMPACTO:

- ☐ Orientación de transformación
- ☐ Motivación de la misión
- ☐ Alineación de sueños
- ☐ Retroalimentación
- ☐ Red complementaria

LAS 5 NECESIDADES BÁSICAS DE LEGADO:

- ☐ Seguimiento de la comunidad
- ☐ Transición intencional del liderazgo
- ☐ Promotores con la camiseta puesta
- ☐ Dinámica trimestral
- ☐ Adaptación continua

Figura 3. *La* PNN *con las cinco necesidades básicas de cada nivel*

Digamos que tienes un flujo constante de ventas y esto apoya los objetivos que has establecido con claridad. Si esto es cierto, entonces tu negocio logró el equivalente a respirar. El siguiente nivel es GANANCIAS, que se traduce en seguridad y protección. Si alguien trata de robarte y te apunta con un cuchillo, no te preocupas por respirar (VENTAS), te preocupa escapar del peligro. Pero si de repente el tipo y tú quedan atrapados en una habitación sin oxígeno (VENTAS), *ambos* se enfocarán en la necesidad más urgente: encontrar aire para respirar.

De manera instintiva estás programado para encontrar el aire que necesitas para respirar, el agua y la comida para sobrevivir y evitar el peligro. Pero, de hecho, para los empresarios la solución a nuestros problemas de negocios *no es* instintiva. El negocio es una entidad propia, así que no tiene disparadores biológicos que te digan que tiene hambre, sed o necesita un abrazo porque está triste. *Pensamos* que estamos conectados a nuestra empresa así (pero no lo estamos). Por eso *confiamos en nuestro instinto* y tomamos las decisiones que nos parecen apropiadas para crecer.

Si te descubres caminando por un callejón oscuro y no se siente bien, es tu instinto indicando que algo anda mal. Te sugiero que des la vuelta rápido y encuentres otra forma de llegar a tu destino, porque si no, podrías terminar en el hospital. Tus sentidos (ver, oler, escuchar) están conectados con tu cerebro de manera directa, esto le da información inmediata y útil. Aunque estamos conectados con nuestro cuerpo, *no* estamos conectados con nuestros negocios, y esto plantea un problema. Los instintos salvan vidas, pero ¿negocios? No mucho.

La cosa es que todos *creemos* que tenemos buenos instintos comerciales (que podemos confiar en la corazonada para ayudarnos a tomar buenas decisiones). Pero muchas veces terminamos como Amanda Eller, caminando por un sendero de jabalíes, buscando la salida. Estamos arreglando la *cosa incorrecta* en el *momento incorrecto*. La solución más instintiva y común que usan los empresarios es: vender más. Por ejemplo, un negocio puede tener ventas

constantes, pero no ser rentable. En vez de resolver el nivel de GA-
NANCIAS, tratamos de vender más, creyendo que más VENTAS (el nivel más básico) arreglará el nivel de GANANCIAS. Para la pirámide
de Maslow, esto es igual a quedar atrapado en una pelea (nivel de
seguridad) y jadear por aire para protegernos (nivel fisiológico). No
tiene sentido. Aunque, biológicamente hablando, tendríamos una
respuesta de lucha o huida, como no estamos conectados a nuestro
negocio de manera instintiva, jadeamos por aire mientras nos gol-
pean la cara, de forma repetida. Otras veces, un negocio es incapaz
de entregar a tiempo y como lo prometió, esto crea un problema
en el nivel de ORDEN. Aun así, el instinto del dueño es vender más,
aumentar los ingresos y esperar que de alguna forma se arreglen las
operaciones comerciales. Esto no pasa y no pasará.

Estos métodos que confían en el instinto para crecer un negocio
a menudo impiden el éxito. Algunas compañías son exitosas no por
el empresario a cargo, sino a pesar de él. Sin una estrategia específica
y respetable para el crecimiento, su éxito es más como una lotería
que como un plan arquitectónico.

Necesitamos una brújula. Algo que podamos usar para verificar
nuestros instintos y asegurarnos de que nos estamos moviendo hacia
el norte. Justo eso hará la PNN para ti.

Lo que creemos puede no ser cierto

Hace poco quedé fascinado con la historia de la maldición de la
Casa Winchester, una mansión victoriana con más de ciento sesenta
habitaciones en San José, California. En cuanto leí sobre este lugar,
compré un boleto de avión a San José, recorrí la extraña estructura
y descubrí una rara similitud con el típico viaje del empresario.

Cuando el esposo de Sarah Winchester murió de tuberculosis en
1881, le dejó una fortuna equivalente a más de 500 millones de dólares
actuales. William Winchester era un magnate de las armas y heredero
de la compañía Winchester Repeating Arms Company. La leyenda

cuenta que Sarah se creía perseguida por los fantasmas de las personas asesinadas con rifles Winchester y que necesitaba construir más habitaciones para satisfacer a los espíritus malignos que la asechaban y esconderse de ellos.

Sarah se mudó a California, compró una casa de campo con dos pisos y ocho habitaciones y empezó a construir más... sin parar. Treinta y ocho años después, seguía construyendo.

Sin pies ni cabeza, ni un arquitecto que la ayudara a planear, Sara agregó una recámara nueva tras otra. Según Miranda, del blog *Spooky Little Halloween*: "Sarah construía lo que quería, muchas veces dejaba una idea y construía alrededor de los errores que cometían sus trabajadores. Cada mañana se reunía con el maestro de obra para repasar sus planes (dibujados a mano) del trabajo de la jornada". Sarah empezaba el día abordando el problema más aparente.

No sé nada sobre ti, pero creo que Sarah necesitaba un plan arquitectónico (y un poco de terapia). Sólo creía en sus instintos y cada día trataba de descubrir cómo apaciguar o alejarse de los problemas (fantasmas) que veía.

Con el tiempo, lo que una vez fue una casa de campo se convirtió en una mansión de siete pisos con más de ciento sesenta habitaciones (cuartos que construyó y nunca volvió a pisar). Puertas y ventanas se abrían a las paredes, muchas chimeneas no tenían conducto para sacar el humo y algunas escaleras no llevaban a ninguna parte.

En 1906 el terremoto de San Francisco destruyó los tres pisos superiores y parte del cuarto. Las áreas dañadas no se restauraron, sino que se recogieron para construir otro lugar. Hoy, lo que queda de la Casa Winchester cubre más de dos mil metros cuadrados, tiene más de diez mil ventanas y seis cocinas. Es una de las casas más raras que he visto y el paraíso de un bicho raro (aquí entre nos, creo que vi a uno de tus amigos ahí). Busca en Google y compruébalo. Cuando lo hagas, piensa en tu negocio. Piensa en todas las decisiones que tomaste por instinto, como respuesta a un problema (un espíritu maligno), para contraatacar a un competidor (un espíritu más maligno) o sólo porque un *experto* te dijo. Piensa en todas esas habitaciones que construiste y quizá abandonaste tratando de aprovechar las oportunidades, resolver problemas o sólo porque no supiste qué más hacer.

Tras el fallecimiento de Sarah Winchester, la construcción se detuvo de inmediato. Salió al mercado, pero la enorme mansión no era vendible. Nadie quería esa casa extraordinaria, compleja y confusa, además nadie tenía fondos suficientes o experiencia para arreglarla. Al final, un grupo de inversionistas la compró por unos cuantos dólares y la convirtió en una exhibición para buscadores de lo extraño y extremo. En última instancia, esa enorme estructura construida de manera constante durante casi cuarenta años… fue inútil (excepto como una ilustración perfecta de lo que te estoy diciendo).

Si sólo confías en tu instinto en vez de analizar tu negocio, puedes terminar con chimeneas inútiles y escaleras a ninguna parte. O perdido en un bosque de Hawái. Por eso, como sé que eres una persona inteligente, te pido que renuncies a confiar sólo en el instinto… al menos el tiempo que tardes en leer este libro y en implementar los pasos. ¿Está bien? ¿Podemos chocarlas (virtualmente)? En otras palabras, sígueme la corriente.

La PNN puede no ser tan mística como la sesión de espiritismo que hizo Harry Houdini en la Casa Winchester (historia real), pero pruébala. Puede salvar tu empresa y tu salud mental.

✖

He aquí un reto simple, pero poderoso: descubrí que la forma más efectiva de mejorar tu negocio es consignar o confiarle a otra persona tus intenciones de mejorar. Así que, aquí estoy, soy tu nuevo socio de responsabilidad. Envíame un correo electrónico a Mike@Mike-Michalowicz.com con el asunto: "I'm doing FTN!", en inglés, para que pueda encontrarlo rápido. Cuéntame por qué estás comprometido con el proceso de UPV y qué significará para ti cuando logres el sueño que tienes para tu negocio. Al documentar tu compromiso, tu probabilidad de cumplirlo se disparará. Además, será increíble para nosotros. ¡Hagámoslo!

Como mencioné antes, preparé herramientas y recursos gratis y poderosos que complementan este libro. Visita FixThisNext.com ahora mismo para obtenerlos. Cuando visites el sitio, asegúrate de hacer la evaluación gratuita. Tienes una copia en español al final de este libro. Con ella identificarás qué paso debes dar ahora en tu negocio. ¡Y en sólo unos minutos!

Una nota rápida sobre
la ganancia es primero

Antes de meternos por completo en *Un paso a la vez* necesito abordar algo que quizá piensas sobre otro libro que escribí: *La ganancia es primero*. Cuando hablo sobre UPV, la gente me pregunta: "Mike, ¿no dijiste que primero debemos tomar las ganancias? Si las ganancias siempre son primero, ¿por qué ahora sugieres abordar otras cosas en *Un paso a la vez*? Suenas como un gran hipócrita, gordo y apestoso".

Lo de gordo y apestoso… háblalo con mi mala genética.

Lo demás, bueno, sólo necesito aclararlo.

Cuando escribí *La ganancia es primero* desafié la fórmula tradicional de rentabilidad: ventas – gastos = ganancias. En pocas palabras, el pensamiento tradicional nos enseña que las ganancias van al último. La ganancia es el resultado final. Y *ése* es el problema con la antigua fórmula. Cuando algo va al último, la naturaleza humana lo retrasa (en el mejor de los casos) o lo ignora (con mucha frecuencia).

El sistema Profit First de *La ganancia es primero* significa que las ganancias vienen *antes* de los gastos. Ventas – ganancias = gastos. *Primero* toma tus ganancias, ponlas en una cuenta y escóndelas de tu negocio antes de gastar un solo peso. Profit First significa que primero asignas tu ganancia y luego haces circo, maroma y teatro para lograr las ganancias que ya tomaste. Es el principio de págate-a-ti-primero aplicado a los negocios. Profit First *no significa* que sólo debas concentrarte en las ganancias e ignorar todo lo demás.

Para mejorar tu negocio identifica lo más importante y necesario en este momento y arréglalo. A veces será en el nivel de VENTAS u ORDEN. Otras veces será en los niveles de GANANCIAS, IMPACTO o LEGADO. Te sugiero que una vez que implementes Profit First sigas usándolo (para siempre). Y cuando tus ganancias estén apuntaladas, tu siguiente prioridad (tipo superior o primera) será la señalada por tu brújula Un Paso a la Vez.

Si todavía no implementas la idea de Profit First, te sugiero que la dejes en pausa hasta que termines este libro. Porque, por extraño que parezca escuchar esto de mí, quizá tus ganancias no sean lo primero (o lo siguiente). Quizá tienes otra necesidad vital que debes abordar antes de las ganancias. Estoy seguro de que *La ganancia es primero* te servirá, pero hasta que termines este proceso no podemos decir en términos absolutos *cuándo* te servirá *mejor.*

Espero que esto aclare el tema. Profit First es la fórmula para tomar las ganancias primero. No se trata de priorizar las ganancias siempre y sobre todo. ¿Estamos? Bien.

Capítulo 2

Encuéntrala y arréglala

"Sí, pero…"

Siempre me sorprende cuántos dueños de negocios tenemos un caso grave de "sí, pero…" Creemos que nuestras compañías son tan únicas que soluciones y estrategias simples no podrían ayudarnos con el problema que creemos que tenemos (sin importar cuál sea). "Sí, pero mi negocio es diferente", gritamos a los cuatro vientos. Lo entiendo. También pensé que mis empresas eran diferentes. Seguro sientes que el tuyo es especial. Pero la verdad eso no es cierto, ni siquiera un poco.

Así como nuestro ADN es 99.9 por ciento idéntico, el ADN de todos los negocios es casi igual. No importa si tienes una granja o una farmacia. No importa si inviertes, retiras, sugieres o profesas para vivir. Tu negocio es 99.9 por ciento igual a los otros (así como ellos son casi iguales al tuyo). El 0.1 por ciento restante es la piel de nuestros cuerpos corporativos. Quizá nuestras compañías parecen diferentes por fuera. Puede que tengas equipo diferente y gente con distintas habilidades. Tal vez tu oficina es virtual, física o inexistente. Eso sólo es la piel del negocio. Lo que está bajo tu piel corporativa es casi igual a la de todos los demás.

Antes de que Ken Mulvey empezara su negocio, Supply Patriot, era guardaespaldas de ricos y famosos. En una de nuestras conversaciones compartió algunos detalles de los servicios de protección que brindó para un ejecutivo clave de una editorial importante. Mientras contaba la historia, pensé: "¡Ajá! ¿Entonces el editor consigue un guardaespaldas, mientras el mísero autor queda abajo? Qué bonito, de veras, qué bonito".

Como parte de su trabajo, Ken asistía a las reuniones de la junta. Ya sabes, porque nunca se sabe cuándo un matón irrumpirá en una sala de conferencias para robar pan de muerto y café rancio de tipos casi muertos con olor a rancio. El trabajo de Ken era estar de guardia, y como no había nada que vigilar (véase mi punto anterior), escuchaba. Con atención.

"Mike, había algunos de los CEO más importantes del país sentados en esa mesa —me dijo Ken—. Y todos tenían los mismos problemas que las empresas pequeñas de mis amigos (sólo que con cinco o seis ceros extra al final). Los mismos problemas de flujo de caja, contratación, rentabilidad. La misma confusión: ¿qué paso hay que dar?"

La historia de Ken me recordó una conversación que tuve con un amigo, dueño de una compañía de 22 millones de dólares. Estábamos en un salón con cien empresarios en la reunión anual Gathering of Titans en Dedham, Massachusetts.

Conozco a mi amigo Stu desde hace casi veinte años. Crecimos juntos como empresarios y he visto crecer su firma. Mucho. Aunque entra dentro de la división de *pequeño negocio* del gobierno de Estados Unidos (menos de 25 millones en ventas), la compañía de Stu es líder en su área. De hecho, sospecho que adivinarás su nombre. Seguro también reconocerás el verdadero nombre de Stu, por eso no lo usaré en este libro.

En el descanso, le hice esa pregunta simple que, cuando tienes una amistad verdadera, abre la puerta a conversaciones y confesiones profundas:

—¿Cómo vas, Stu?

—Muy bien —dijo con media sonrisa.

Conozco esa sonrisa. La he visto en los rostros de miles de empresarios y emprendedores, la he observado en mí al verme en el espejo.

—Ay, no, ¿qué pasa, amigo? —pregunté.

—Mike... —suspiró, observó a los lados, sobre sus hombros para ver que nadie lo oyera y susurró—: Sólo me quedan cuatro semanas de efectivo en el negocio. No tengo posibilidades. Al menos, no suficientes para mantenernos a flote.

Esto no es raro para la mayoría de los dueños de pequeñas empresas, pero ¿cómo le pasó a un líder de la industria que mueve 22 millones? Seguro fue casualidad, ¿no? No. Algunos de los empresarios más exitosos del mundo estaban en la sala y te sorprendería descubrir que diez o veinte por ciento de ellos está en el hoyo.

No importa si tu negocio es chico, mediano o grande, las necesidades son las mismas. Después de todo, el tamaño no importa. Tampoco los ingresos, el número de empleados o la cantidad de años que has operado tu negocio (quizá rancio y casi muerto).

Entiendo muy bien que tu empresa tiene cualidades únicas. Como la mía. Como todos los negocios. También todas las personas tienen cualidades únicas y aun así comparten una biología común. Estas cualidades son necesarias y fundamentales porque requerimos diferenciadores para atraer a nuestros clientes ideales. Cuando hablamos de marketing y branding, *diferente* es mejor. Pero no estamos hablando de eso en este libro. Hoy estamos hablando de la biología de tu negocio.

Así como los humanos necesitamos seguir los mismos parámetros básicos para crecer y tener salud, los métodos para lograr el crecimiento y mantener la salud son casi idénticos para todas las empresas. Quizá la nuestra se ve diferente desde el exterior. Puede hacer cosas distintas. Pero nunca olvides esto: la composición esencial de todas las empresas es casi idéntica. Un chico puede dirigir una pizzería y una joven tener un negocio de instrucción de vuelo. Pero la forma en que se sostienen, crecen y las necesidades cruciales que deben satisfacer son las mismas.

En este capítulo aprenderás un proceso simple para navegar en la PNN con el fin de determinar qué paso dar ahora. También descubrirás un método simple para encontrar una solución, así podrás arreglar y seguir avanzando.

Encuéntrala

Supongamos que estamos jugando a jalar una cuerda, pero en vez de tirar de los extremos de una cuerda, se trata de una cadena de metal. En lugar de hacer que el otro atraviese la línea, el objetivo es descubrir dónde se rompe la cadena. Tomas un extremo y a unos metros de distancia yo sujeto el otro. Entre nosotros hay unos veinticinco eslabones. A la cuenta de tres, ambos empezamos a jalar para ver dónde se rompe. Sin importar cuánto jalemos, ninguno controla dónde se romperá.

La cadena siempre se romperá en el eslabón más débil. En otras palabras, cualquier cadena es tan fuerte como su eslabón más débil. No importa lo que intentes, no puedes manipular el proceso para romper una parte diferente. Tiene un punto débil natural. Si quieres fortalecer toda la cadena debes trabajar el eslabón más débil, al cual, en el contexto de tu negocio, lo llamo necesidad vital. En cualquier momento, de todas las necesidades básicas que existen en tu negocio, hay una sola necesidad vital que representa el eslabón actual más débil. No puedes manipular el *juego* para hacerlo diferente. Tu trabajo es encontrarla y luego arreglarla antes de pasar a lo que surge como la nueva necesidad vital.

Dentro de cualquier proceso comercial, ya sean los detalles más finos como construir tu producto o la amplia secuencia que atraviesan tus prospectos para convertirse en clientes, hay una cadena de eventos. En todos los niveles de desarrollo de un negocio, desde la incipiente *startup* hasta el titán de la industria, se atraviesa una cadena de eventos. Dentro de esta cadena siempre hay un solo eslabón que es el más débil. El objetivo de este libro es ayudarte a encontrarlo y fortalecerlo, porque cuando fortaleces el eslabón más débil toda la cadena se fortalece.

Eliyahu Goldratt presentó la teoría de las restricciones en su libro *La meta* (por cierto, lectura obligada). Según esta teoría, un proceso comercial puede funcionar tan rápido como la parte más lenta. Por lo tanto, si quieres mejorar la producción general de tu proceso comercial busca la restricción de mayor prioridad, soluciónala y todo el negocio funcionará a la velocidad de la siguiente restricción más grande.

Como dije en el capítulo 1 (y como de seguro lo sabes muy bien), el enfoque común para expandir un negocio es crecer todo al mismo tiempo. ¡Necesitamos más ventas! ¡Debemos ganar más dinero! ¡Hay que contratar empleados que actúen como propietarios! ¡Tenemos que destacar de nuestra competencia! ¡Hay que cambiar el mundo! Necesitamos mejor marketing, mejores ventas, mejores productos, servicios, mejor eficiencia, ¡mejor todo! Y más vale que tengamos una actitud de súper equipo ahora mismo. ¡Maldición! Aunque es cierto que tu negocio necesita todo lo anterior, si intentas mejorar todo al mismo tiempo diluirás tu energía, tiempo y enfoque… y al final te sentirás incapaz de cumplir incluso una de esas necesidades de manera satisfactoria.

Ya que identificaste cuál es la necesidad vital que debes enfrentar, aplicarás la solución con todos los recursos que tengas.

Usando la PNN como lista de verificación, he aquí los pasos para descubrir cuál necesidad básica en realidad es una necesidad vital y la que debes arreglar ahora:

PASO 1. Identifica: Dentro de cada nivel, pon una palomita en las necesidades básicas que tu compañía cumple de manera adecuada para dar soporte al nivel que está encima. Si no satisfaces alguna necesidad de forma adecuada o no lo sabes, déjala sin palomita.

PASO 2. Señala: Evalúa el nivel más bajo que tenga necesidades básicas sin palomita. Es decir, si no marcaste necesidades en GANANCIAS, IMPACTO y LEGADO trabaja en el nivel más bajo de los tres: GANANCIAS. De las necesidades que dejaste sin palomear en ese nivel, ¿cuál es la más crucial en este momento? Enciérrala en un círculo. Ésa es tu necesidad vital.

PASO 3. Arregla: Genera soluciones medibles para la necesidad vital encerrada en un círculo. Implementa tus soluciones hasta que hayas abordado la necesidad vital de forma adecuada.

PASO 4. Repite: Ya que arreglaste la necesidad vital, encuentra la siguiente repitiendo los pasos de arriba. Usa este proceso durante la vida de tu negocio para navegar a través de los desafíos, maximizar las oportunidades y subir el nivel de tu empresa de manera constante.

Seguir este proceso no significa ignorar el resto de tu negocio (debes mantener girando los platos en tus malabares). Sin duda necesitas atender muchas partes de tu empresa todo el tiempo. No puedes, de repente, decirles a los clientes: "¡Hola! Vamos a ignorarte durante unos meses porque arreglaremos unos asuntos internos. Hablamos luego. Ah, por favor, síguenos mandando tu dinero".

No puedes detener el negocio y sólo trabajar en la necesidad vital. Al usar el sistema Un Paso a la Vez, identificaremos el mayor problema que, cuando se solucione, desatará un súper impulso para el negocio. En vez de hacer todo al mismo tiempo, mantendremos el esfuerzo necesario y asignaremos los recursos restantes para atender de manera total la próxima necesidad vital.

Abordar la necesidad más vital de tu empresa requerirá que tomes decisiones difíciles. Quizá debas hacer sacrificios para arreglar el problema. Por ejemplo, si determinas que tu necesidad vital es un problema de cobranza, la única solución puede ser despedir a los clientes que siempre pagan tarde. Enfrentar una baja de ingresos a corto plazo, por temporal que sea, puede pararte en seco. La tentación puede ser aceptar clientes o trabajos menos que ideales para los que no estás bien preparado o que no te gusta hacer, para que puedas *compensar* la pérdida temporal a corto plazo. Bienvenido de nuevo a la *trampa de la supervivencia*, amigo. La única salida es mantener la línea: hacer lo que debes hacer para asegurarte de que construyes tu negocio de manera sana, no basado en tu desesperación.

Siento que hay un par de cosas sexys en la PNN: primero, eso de *matar dos pájaros de un tiro*. Cuando identificas una necesidad vital en un nivel bajo, quizá descubras que resolverla arreglará otra de mayor nivel.

Segundo (y quizá lo más genial de la PNN), a medida que arreglas la necesidad vital, ésta aprovecha todo el trabajo que ya pusiste en tu negocio. De hecho, a veces los niveles se resuelven con poco esfuerzo, incluso en minutos. No necesitas reinventar la rueda. Sólo concluye una necesidad vital, algo que quizá ya hacías de manera inconsciente.

Usar la PNN y estos cuatro pasos te ayudarán a superar casi cualquier cosa, resolver contratiempos de forma rápida y crecer tu negocio de manera sostenible. Cualquier objetivo que establezcas será mucho más fácil de alcanzar y mantener.

Conforme sigas repitiendo el análisis de cuatro pasos de Un Paso a la Vez, tu base empresarial se fortalecerá cada vez más, asegurando que la visión de tu negocio se vuelva realidad.

El análisis UPV en práctica

Cuando conocí a Tersh Blissett supe de inmediato que era *uno de los míos*. ¿Cómo lo supe? Porque usaba un chaleco.

Uso chaleco cada vez que doy una conferencia. Es mi estilo. Mi equipo disfruta burlarse de mi *disfraz*. Kelsey Ayres (me siento bendecido por tenerla como colega) a veces usa una playera en el trabajo que dice "Live Your VEST Life" (es decir "Vive tu mejor vida", pero con un juego de palabras porque *vest* significa chaleco) con una foto mía usando un chaleco de mezclilla horrible. Qué bonito... lo recordaré el día que le dé el aguinaldo...

A veces doy conferencias gratuitas en mis oficinas de Nueva Jersey para compartir y probar mis nuevos conceptos. (Si quieres ir a una de estas presentaciones gratuitas, sólo regístrate en mi página de internet MikeMichalowicz.com, da clic en *get the tools* y queda atento a mis anuncios inesperados donde te invito a mi siguiente cosa gratis.) Tersh asistió a mi primera presentación en vivo del sistema Un Paso a la Vez. Se sentó casi hasta adelante, y como llevaba camisa, corbata y chaleco con mucha clase, pensé que tenía un negocio financiero o que era, ya sabes, un autor de libros de negocios genial, increíble, maravilloso y simpático. Es decir, ¿quién más puede usar un chaleco tan bien? Pronto me enteré de que estaba equivocado: Tersh era dueño de IceBound HVAC & Refrigeration en Savannah, Georgia. No sólo usaba un chaleco, era el gurú del aire acondicionado. O sea, un tipo súper fresco. (¿Lo cachaste?)

Hablé con él unos minutos y supe que teníamos muchas cosas en común, no sólo nuestro sentido de la moda. Acababa de conocer a mi alma gemela. Tersh era amable, determinado e inteligente como un látigo. Era un empresario de principio a fin y hacía todo lo posible por crecer un negocio saludable.

Al terminar la conferencia, Tersh fue el primero en acercarse para darme sus opiniones sobre qué aspectos servían de Un Paso a la Vez y cuáles no. Mientras mejoraba y simplificaba el sistema, estuve en contacto constante con Tersh por sus comentarios. Al final, cuando terminé el sistema como lo ves en este libro, Tersh fue mi primera llamada. Le di toda la información y pedí que diagnosticara su negocio. Ese mismo día se sentó con su esposa, Julie, quien es su socia, y me llamó más tarde.

"Mike —dijo—, Julie y yo pasamos menos de quince minutos con el sistema Un Paso a la Vez y logramos una claridad que nunca habíamos tenido. Quince minutos y nuestros ojos se abrieron. Lo más curioso es que diez fueron para hacer una lluvia de ideas y buscar soluciones para la necesidad vital del negocio. Sólo nos tomó cinco minutos descubrir exactamente qué paso debíamos dar esta vez."

Antes de aprender sobre la PNN, Tersh hacía *todo* para que su negocio avanzara. En 2018 IceBound logró un respetable ingreso de nada más y nada menos que 750 mil dólares y estaba en camino a lograr el millón en 2019. Siguiendo el sistema Profit First, su compañía alcanzó doce por ciento de ganancia en efectivo (además de un sólido sueldo semanal para Tersh y que el negocio pagara *todos* sus impuestos personales). En su mayoría, el negocio funcionaba sin la participación activa de Tersh.

Su instinto le dijo que se concentrara en el nivel de IMPACTO. Trabajaba en una estructura que cada vez sería más caritativa. Estaba seguro de que donar tiempo y dinero era la manera de servir a su comunidad y esto, a su vez, generaría más negocios.

Entonces Tersh hizo el análisis UPV. Revisó la lista de verificación de cada nivel, empezando en el básico de VENTAS, luego GANANCIAS y así sucesivamente hasta llegar a LEGADO. Puso una palomita en las necesidades básicas que su negocio satisfacía de manera adecuada en cada nivel y dejó las otras sin marcar. En VENTAS, dejó *atracción de prospectos* y *cobrar* sin palomita. En el nivel de GANANCIAS *márgenes saludables* y *reservas de efectivo* quedaron sin palomear. En ORDEN, *impacto* y en LEGADO, otros elementos quedaron sin marcar.

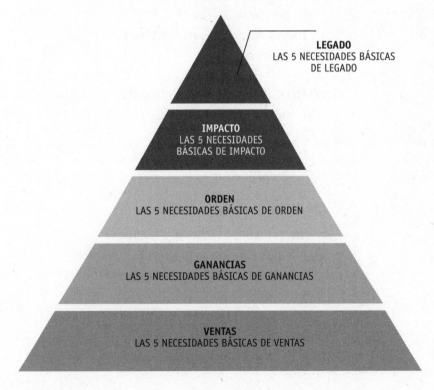

LEGADO
LAS 5 NECESIDADES BÁSICAS
DE LEGADO

IMPACTO
LAS 5 NECESIDADES
BÁSICAS DE IMPACTO

ORDEN
LAS 5 NECESIDADES BÁSICAS DE ORDEN

GANANCIAS
LAS 5 NECESIDADES BÁSICAS DE GANANCIAS

VENTAS
LAS 5 NECESIDADES BÁSICAS DE VENTAS

LAS 5 NECESIDADES BÁSICAS DE VENTAS

- ☑ Congruencia con el estilo de vida
- ☐ Atracción de prospectos
- ☑ Conversión de clientes
- ☑ Cumplir los compromisos
- ☐ Cobrar

LAS 5 NECESIDADES BÁSICAS DE GANANCIAS

- ☑ Erradicación de la deuda
- ☐ Márgenes saludables
- ☑ Frecuencia de transacción
- ☑ Apalancamiento positivo
- ☐ Reservas de efectivo

LAS 5 NECESIDADES BÁSICAS DE ORDEN

- ☑ Minimizar el esfuerzo desperdiciado
- ☐ Alineación de roles
- ☑ Delegar resultados
- ☐ Redundancia de personas claves
- ☐ Buena reputación

LAS 5 NECESIDADES BÁSICAS DE IMPACTO

- ☑ Orientación de transformación
- ☐ Motivación de la misión
- ☑ Alineación de sueños
- ☐ Retroalimentación
- ☐ Red complementaria

LAS 5 NECESIDADES BÁSICAS DE LEGADO

- ☑ Seguimiento de la comunidad
- ☐ Transición intencional del liderazgo
- ☐ Promotores con la camiseta puesta
- ☑ Dinámica trimestral
- ☐ Adaptación continua

Figura 4. *La* PNN *con palomita en las necesidades básicas satisfechas*

Después, Julie y él revisaron las necesidades no palomeadas del nivel más básico. En VENTAS, revisaron *atracción de prospectos* y *cobrar*. Estaban en espera de casi 50 mil dólares en cuentas por cobrar (mucho para una compañía que genera un millón de dólares en ingresos). Mientras el cinco por ciento de sus ingresos esperaba ser cobrado, Tersh notó que los clientes que pagaban mal sólo representaban un par de trabajos grandes. Entonces, incluso si resolvía el problema de cobros, los clientes que tenía no eran adecuados. De hecho, notó que sus grandes clientes corporativos ignoraron el requisito de contrarreembolso de IceBound y siguieron un ciclo de pago neto de noventa días. Incluso algunos se comunicaron *después* de noventa días para señalar un *problema* con la factura o alguna otra excusa que inevitablemente alargaría el pago de otros noventa días a seis meses. Estos clientes corporativos estaban aplastando el flujo de caja. También quedaba claro que tenían un problema de atracción. No en términos de cantidad (recibían montones de preguntas). El problema con la *atracción de prospectos* era la calidad del cliente que atraían.

Ésta era la necesidad vital de IceBound. Tersh se dio cuenta de que trabajaba (de manera instintiva) el nivel equivocado. Se concentraba en IMPACTO en vez de en VENTAS. Los instintos comerciales de Tersh lo llevaron al camino de jabalíes, igual que la guía interna de Amanda Eller.

Entonces, con su brújula PNN, Tersh decidió parar los esfuerzos caritativos de IceBound. Esto puede sonar frío e insensible. Pero no lo es. La única forma de dar de manera efectiva es teniendo una base sólida y saludable para recibir. Tersh debía fortalecer su negocio antes de poder dar de manera sostenible.

Tardaron sólo cinco minutos en identificar su necesidad vital. Luego se centraron en encontrar soluciones para mejorar su atracción de prospectos. Consideraron anuncios en vehículos, letreros, optimización de motores de búsqueda, cartas de presentación y otras ideas de marketing para atraer a su cliente ideal. Entonces lo obvio les dio un puñetazo en la nariz: antes de comercializar a su cliente ideal, necesitaban definir a su cliente ideal. Cualquier esfuerzo de marketing sería cien veces mejor si apuntaba al cliente correcto.

Quince minutos después, Tersh y Julie habían alineado su enfoque con algo que fortalecería su negocio a lo grande: un avatar del cliente ideal. Al principio, encontrar el avatar fue difícil. Tersh y Julie descubrieron que la demografía de los clientes de IceBound era de todas partes. Tenían una mezcla de clientes masculinos, femeninos, jóvenes profesionales y ejecutivos retirados.

Para entender cómo definieron su avatar, te daré una introducción rápida sobre la tecnología de IceBound. ¿Alguna vez has tenido tanto calor que sudas bajo las cobijas, pero cuando te destapas empiezas a tiritar de frío? Pues resulta que eso no es un problema de temperatura; es un problema de temperatura más humedad. Según Tersh, la solución es tener un equipo del tamaño adecuado para gestionar ambos. La tecnología de IceBound controla la humedad relativa, la temperatura y el punto de rocío para que los propietarios puedan tener la máxima comodidad.

Al considerar la información de manera más profunda, Tersh y Julie se dieron cuenta de algo en común en sus mejores clientes: valoraban mucho la comodidad general. Sus clientes ideales eran profesionales de entre cuarenta y sesenta años con nidos vacíos. Querían reemplazar su aire acondicionado para evitar esa danza nocturna de sudor/escalofrío y lograr la temperatura perfecta. Querían calidad sobre todo lo demás.

Una vez que descubrieran a quién vender, Tersh y Julie podrían concentrar su comercialización en ese avatar, cambiar los guiones de ventas y ser más específicos en la oferta. Y esto podría (quizá, sólo estoy adivinando un poco con mi bola de cristal y un disfraz interesante) disparar sus ingresos y rentabilidad dentro de... digamos... treinta días. Más sobre esto en un momento... (música de misterio, por favor).

Tersh y Julie fueron capaces de enfocarse de manera puntual en lo que necesitaba su empresa. Tú también puedes hacerlo, incluso en quince minutos o menos.

Nunca olvides esto (tipo subráyalo y póntelo de tatuaje en el antebrazo): entre todos los problemas aparentes que tiene tu negocio, *uno y sólo uno* será el más efectivo en cualquier momento. No podemos confiar en nuestros instintos para elegirlo de forma mágica cada vez. Los humanos estamos llenos de prejuicios y emociones. Muchas veces nuestra naturaleza se interpone en el camino hacia encontrar las mejores soluciones. A partir de hoy, la PNN será tu brújula y te dará un proceso fácil, razonado y metódico para todas las consideraciones en el crecimiento de tu negocio.

Cómo determinar si vas bien

La pregunta más común de los empresarios que hacen el análisis UPV es: ¿cómo sé que solucioné el problema? Quieres hacerlo bien, pero ¿cómo sabes si lo lograste? La respuesta es: de manera instintiva, NO. La única forma de asegurar que tu solución funcionó es medirla. (También subraya y tatúate esto.)

Aprendí esta lección de la forma difícil… cuando estaba en la universidad. Unos compañeros me encomendaron una de las funciones más importantes de la humanidad: la fiesta de la fraternidad de los miércoles en la noche. Después de navegar con éxito la última noche del infierno y ser ordenado hermano, me tocó organizar el siguiente evento.

Los miércoles eran el inicio de la semana de fiesta en el Virginia Tech (¡vamos Hokies!). Las fiestas de los miércoles generaban el impulso para las pachangas de jueves y viernes, lo que animaba a la gente para el reventón del sábado y la reunión del domingo. Después, las fiestas del fin de semana entraban a la escena del bar en lunes y muchas veces terminaban en las casas de los compañeros los martes, mismas que preparaban a la gente para la nueva semana de fiesta… a partir del miércoles. Es un milagro que nos hayamos graduado de la universidad.

Ésta fue la primera vez que organicé una fiesta y no tenía ni idea. No sabía que las fiestas buenas, incluso las de la fraternidad, se planeaban con anticipación. Bueno, aunque lo hubiera sabido, no tenía idea de por dónde empezar o cómo determinar si mis esfuerzos funcionaron. Para la fiesta Delta Sig del miércoles por la noche mi objetivo era simple: tener una fiesta épica. En realidad, no pensé en cómo sabría si lo había logrado, más allá de que la gente me dijera lo épica que fue. Ya había fallado la prueba de fuego: *ser específico y conciso*.

Tomé el *fondo de inversión* de la fraternidad (así lo llamábamos) y fui a la ferretería. Compré un bote de basura de plástico, una escoba y un filtro de alberca. Luego fui al supermercado y compré cinco kilos de Kool-Aid de uva (la verdad, tuve que ir como a tres supermercados y comprar como cien sobres en cada uno... recuerdo la mirada sospechosa de la cajera). Después fui a la vinatería y compré todo su suministro de alcohol barato. Si hoy intentara comprar lo mismo parecería una escena de *Breaking Bad*. ¡Ah! También compré una lata de Coca-Cola para ser irónico.

Volví a la casa Delta Sig y me puse a trabajar. Es decir, arrastré la manguera del jardín, la metí por la ventana del sótano y mezclé el Kool-Aid, agua de la manguera y el alcohol de caña en el gran bote de basura. Si eras inteligente y pasaste la juventud haciendo cosas productivas en vez de ir a fiestas de la fraternidad, seguro te preguntarás: Mike, ¿para qué necesitabas la escoba y el filtro? Pues la escoba es para revolver la mezcla y el filtro para sacar los contaminantes. Novato, te falta barrio...

Bien, ya te compartí todo mi plan y preparación para la fiesta. Quizá notes que me quedé corto en el paso dos. En realidad, no tenía un plan para lograr el resultado de *fiesta épica*, sólo hice lo que mi instinto me dijo (conseguir alcohol y mezclarlo). No planeé nada más. No había música, comida o bebidas alternativas, excepto la irónica lata de Coca-Cola. Lo mejor de todo, ¡no invité a nadie! ¡Ni siquiera a los de la fraternidad! Es decir, esa tarde lo mencioné en la reunión de la casa. Recuerdo que mi anuncio fue algo así como: "¡Mis hermanos, esta noche habrá una fiesta épica en la casa!"

Asistieron pocas personas, algunas quedaron devastadas, pero la fiesta fue horrible. En el folclor del capítulo Virginia Tech de Delta Sigma Pi, ésta fue la segunda peor fiesta de la historia. La peor fue organizada por el hermano Greg Eckler a la semana siguiente (por cierto, su apodo era Gregtino, pero como tengo estrictamente prohibido compartir su apodo, no lo diré, ups).

Desearía saber lo que ahora sé sobre cómo medir los resultados:

1) Primero debes saber qué resultado quieres obtener. Luego, determina las mejores formas de lograrlo y busca las soluciones más fáciles e impactantes.

2) Después define cómo saber si lograste el resultado. Esta medición debe mostrar tanto que lograste el resultado deseado como el progreso que estás haciendo hacia él.

3) Luego establece una frecuencia de evaluación para monitorear tu progreso hacia el resultado. No midas tan seguido que no tengas datos significativos que revisar, ni tan poco frecuente que te pierdas las oportunidades de mejorar.

4) Si de acuerdo con tus mediciones no estás progresando, ajusta tu enfoque. Si estás progresando, sigue haciéndolo.

Ahora que estoy fuera de aquella etapa de hermano de la fraternidad y vivo mi etapa de autor, he descubierto algunas cosas. En primer lugar, era un imbécil. En segundo lugar, era un completo imbécil. Aparte de eso, me di cuenta de otras cosas: la clave es la claridad y especificidad acerca de los resultados. Habría sido mucho mejor establecer un resultado más específico y medible (en vez del plan *tener una fiesta épica*), por ejemplo: quiero que al menos ochenta por ciento de mis compañeros de la fraternidad digan que ésta fue la mejor fiesta del año. (Aunque el cien por ciento sería increíble, no sería realista. Gregtino siempre encontraba una manera de hacerlo peor que yo.)

Después preguntaría: "Amigos, pensando en las fiestas *súper épicas* que han vivido, ¿qué creen que las hizo *súper épicas*? Sospecho que seguro habrían querido mi agua loca con alcohol, pero también otras opciones discretas, como barriles de cerveza, refrescos y agua. También buena música y algo de comida chatarra. Y la mejor idea, la número uno, habría sido... (redoble de tambores) avisar que habría una fiesta... Y la idea ganadora habría sido... (trompetas) ¡invitar a las personas! Si hubiera establecido un resultado deseado y unas formas de medirlo, habría descubierto cómo funcionaban los suministros y si las confirmaciones de asistencia se acumulaban en verdaderas proporciones épicas. Pero no hice nada de eso. Y ahora soy una leyenda (junto con el hermano Gregtino) ... por echar a perder de manera épica la planeación de la fiesta.

Por desgracia, la mayoría de los empresarios también intentan hacer cosas épicas en sus negocios y los resultados son terribles. Se sientan por ahí sin muchos esfuerzos que mostrar, salvo un bote de basura apestando al dulce hedor de Kool-Aid de uva. ¿El problema? No sabemos qué paso seguir y no tenemos resultados específicos para las estrategias que empleamos ni mediciones para determinar si las hemos logrado.

Algunos empresarios tienen claridad, utilizan la PNN y, como resultado, crecen su negocio muy rápido y de manera saludable. Tersh y Julie sabían que la siguiente necesidad básica que su negocio debía resolver era la atracción de prospectos y, para hacerlo, crearon el avatar del cliente ideal al observar las cualidades de sus mejores clientes, aquellos que pagaron una prima por los servicios de HVAC y valoraron el trabajo que hicieron. Luego comenzarían el proceso de clonación, que, si quieres detalles, lo explico en *El Gran Plan*.[1] Pero recuerda tu nueva disciplina Un Paso a la Vez: primero identifica qué necesitas arreglar antes de explorar libros o recursos para hacerlo. ¿Está bien? ¡Perfecto!

Con este entendimiento, Tersh y Julie pusieron en marcha un plan medible. En vez del marketing tradicional de casa por casa, IceBound

---

[1] Consigue el libro en librerías y los recursos gratuitos en inglés en PumpkinPlan. com.

vio la oportunidad en los ejecutivos de primer nivel. Tersh sabía cuántos prospectos a la semana necesitaba para crecer, por eso fue fácil llegar a un resultado específico. Me dijo: "Si puedo tener tres prospectos ejecutivos nuevos a la semana, eso me posicionará para un crecimiento serio con mis mejores clientes". ¿Ves que simple es? IceBound sólo tenía que rastrear su número de prospectos calificados cada semana. Si conseguían al menos tres ejecutivos de alto nivel, serían de oro. Si se quedaban cortos, debían ajustar su marketing.

Tersh apuntó el avatar ideal en las redes sociales para que sólo los dueños de casas, profesionales y con hijos mayores vieran el anuncio. Luego fue por la madre de los *influencers*: los agentes inmobiliarios. Cuando compras una casa en Estados Unidos, muchas veces te diriges al sistema HVAC. Los agentes de bienes raíces conocen la demografía, así que Tersh estableció un sistema de referencia, agradeciendo a los agentes por la presentación de su avatar con una tarifa referencial y boletos para eventos imposibles de conseguir. Por ejemplo, entradas para ver a mis cuates los Bananas de Savannah. Me encanta cuando algo cierra el círculo.[2]

También rechazó las oportunidades marginales, negándose a las personas que no eran el avatar ideal. Dijo que no a los regateadores y los envió con sus competidores. Como dijo Tersh: "Nuestro avatar prefiere un mejor servicio que un precio económico, por eso, si alguien quiere un precio más barato, sabemos que no es nuestro avatar y lo rechazamos de inmediato".

Los resultados fueron notables. En un verano, cuando el precio promedio de los boletos (trabajo) baja por la abrumadora demanda de reparación de trabajos pequeños, por primera vez IceBound aumentó su precio promedio de boleto de 7 mil 300 a 12 mil 500 dólares. Este salto es inaudito en su industria, ¡y en sólo cuatro semanas! Se tardaron quince minutos en identificar la necesidad vital

---

[2] He documentado la trayectoria de crecimiento de los Bananas de Savannah en mis libros *La ganancia es primero*, *El sistema Clockwork* y en el capítulo 7 del libro que tienes en tus manos. Los Bananas usaron el sistema Un Paso a la Vez para identificar su mayor oportunidad, ¡y no es la que tú crees!

y (después de encontrar una solución) cuatro semanas no sólo para resolverlo, sino para romper los récords de la industria.

Debes hacer el mismo proceso para resolver cualquier necesidad vital en tu negocio… porque los números no mienten.

Arréglala

Mientras leía el libro de John Doerr, *Mide lo que importa*, recordé la simplicidad y el impacto de las mediciones. Doerr las llama objetivos y resultados clave (OKR, por sus siglas en inglés). En otras palabras, determina tu meta (objetivo) y cómo medirás tu avance hacia ella (resultados clave). Doerr explica la forma en que megaempresas como Google e Intel usaron los OKR. Me impresionó la historia de Intel.

Intel identificó una amenaza cuando Motorola empezó a ganar terreno en el mercado de CPU (unidad central de procesamiento). Andy Grove, presidente de Intel, respondió con Operation Crush, un plan muy simple para recuperar el mercado de Motorola. Para registrar su progreso, pusieron una métrica simple: unidades vendidas del procesador 8086. Objetivo: vencer a Motorola. Resultado clave: unidades vendidas del CPU 8086.

Fue una ecuación simple, pero la estrategia que surgió fue fascinante. Capacitaron a los vendedores por comisión para entender que, aunque el dinero no estaba en el 8086, aseguraba al cliente con Intel. Las ganancias estaban en la otra tecnología que complementaba el procesador. Se desarrollaron estrategias de marketing. Se creó un nuevo material educativo y comercial que mostraba los beneficios para el cliente (de Intel sobre Motorola). Los planes se ordenaron, se rastreó el resultado clave y, en menos de un año, Intel volvió a ser el rey del juego.

Las métricas son el marcador. Así mides si vas ganando el juego. Configura tu sistema de puntuación y el juego se te revelará. Sin puntaje no tienes idea de si vas ganando o si al menos funciona lo que estás haciendo.

Las mediciones son los andamios de la PNN. Conforme construyes tu negocio, subiendo y bajando la pirámide para fortalecer los cimientos y construir los niveles más altos, dependerás de los andamios (las cosas que te dan acceso a la estructura y te ponen en el lugar adecuado para construirla de forma correcta).

Ya que identificaste tu necesidad vital dentro de la PNN, construye los andamios (mediciones y seguimientos) a su alrededor para asegurar que la arreglarás de manera correcta. Te sugiero usar un método un poco más completo que la metodología OKR. Es un método que implica controles de progreso y mejoras apropiadas en los objetivos y mediciones. Lo llamo el método OMEM:

O – Objetivo. ¿Cuál es el resultado que quieres lograr?

M – Medición. ¿Cuál es la forma más directa de medir tu progreso hacia el resultado?

E – Evaluación. ¿Con qué frecuencia analizarás tus mediciones?

M – Modificación. Si es necesario, ¿cómo modificarás el objetivo y las mediciones?

1) *Objetivo.* ¿Qué resultado quieres lograr en tu necesidad vital? ¿Dónde se encuentra actualmente (punto de partida)? Identifica los requisitos para que el objetivo se considere exitoso y cómo pasarás del punto de partida a tu objetivo.

2) *Medición.* Esto incluye las métricas para tu resultado en un periodo específico. ¿Cuál es la forma más sencilla de realizar un seguimiento eficaz de tu progreso? Cuantas menos, mejor. Minimiza la cantidad de métricas para evitar distracciones y confusiones, pero define suficientes para tener una lectura adecuada de tu progreso.

3) *Evaluación.* Determina la frecuencia con que analizarás tus métricas y establece objetivos intermedios en el camino al resultado esperado.

4) *Modificación.* Al ir progresando, a veces notas que tu objetivo no es del todo correcto o que no lo estás midiendo de manera efectiva. Haz que el objetivo y las mediciones sean muy visibles/accesibles para la gente relevante. Luego, dale permiso a tu equipo (y a ti) de cambiar la configuración (objetivo, mediciones y/o frecuencia de evaluación) para mejorar el progreso hacia el objetivo.

El método OMEM da escrutinio y atención a la necesidad vital que identificaste para resolverla de manera tan eficiente como sea posible. Cuando el objetivo se logre, quita los andamios del escrutinio y la atención constante. Deja una o dos métricas clave detrás para asegurar resultados continuos y señalar si surge un nuevo problema. Luego avanza a la siguiente necesidad vital y establece un nuevo andamiaje usando OMEM. Así se construye un *dashboard*, un proceso importante que describo a detalle en *El sistema Clockwork*.[3]

✕

Ahora que uso la PNN tengo menos estrés que nunca. Esto no significa que no hay problemas en mi negocio, todo el tiempo tengo desafíos y asuntos pendientes. Pero ahora sé con exactitud qué hacer primero: identificar la solución que tendrá el mayor impacto y no distraerme por los incontables problemas obvios, pero superficiales.

Cuando resuelvo un desafío actual vuelvo a la PNN para determinar con precisión qué debo hacer esta vez, sin importar todos los problemas urgentes que surgen de manera constante. Desearía haber entendido esto hace mucho tiempo y me alegra ayudarte a

---

[3] Puedes conseguir el libro en librerías y los recursos gratis en Clockwork.life (https://clockwork.life/) (disponible sólo en inglés).

entenderlo. Porque, como verás, la única forma de desatascarte rápido, de desbloquear un nuevo nivel de crecimiento para tu negocio, es dejar de perder tiempo y recursos valiosos intentando solucionar los problemas incorrectos en vez de acercarte al problema correcto y solucionarlo.

En los próximos cinco capítulos repasaré cada nivel de la PNN y te ayudaré a concentrarte en tu necesidad vital. Abordarla es la oportunidad para fortalecer el eslabón más débil para lograr la visión que tienes de tu empresa. No hay que andar contando el secreto sobre lo frustrado que estás con tu negocio, cuánto tiempo llevas estancado en una meseta o cómo tu compañía de 22 millones de dólares está a cuatro semanas de cerrar. No vivas con el miedo de que nunca lo lograste, de que los detractores en tu vida tenían razón. No dejes que la buena fortuna te haga creer que el éxito se produjo debido a tu habilidad y no permitas que tus habilidades se descarten como suerte. Respira profundo y concéntrate en lo que *de verdad* sucede en tu negocio. Identifica el problema más impactante. Y arréglalo.

Ser empresario es un desafío de proporciones épicas. Debes construir tus alas después de dar ese salto al acantilado. No importa si llevas años o décadas en este viaje o si hoy es tu primer día, sé que estás dispuesto. Estoy seguro.

Lo sé porque tú y yo, aun sin conocernos, tenemos algo en común: el ADN de nuestros negocios. Cada empresa se construye sobre el mismo ADN. Sólo las decisiones que tomamos las van haciendo diferentes. Es todo. Y con tu nueva brújula PNN tomarás diferentes decisiones. Mejores opciones. Las elecciones *correctas*.

Estás predestinado a evitar los caminos de jabalíes de los negocios y los errores frecuentes de tu instinto. Estás predestinado a la grandeza. No tengo duda. Toma tu brújula, mi querido amigo, tenemos algunos negocios que navegar.

La visión de túnel también es un reto para… bueno, para toda la humanidad. Y puede mantener a un empresario atascado en el mismo lugar durante mucho tiempo. Nos frustramos porque no vemos resultados y muchas veces respondemos haciendo lo que no funciona, pero con más fuerza. Esto es muy frustrante para las personas que están fuera de tu esfera porque se dan cuenta de que obviamente el problema es la visión de túnel. Por eso te invito a que contrates los servicios de un asesor de negocios calificado. Durante décadas he tenido asesores de negocios para darme una perspectiva externa de mis negocios… y no puedo decir suficientes cosas positivas sobre la experiencia. En resumen, los buenos están entrenados para identificar desafíos centrales, dar orientación (o aportar recursos) para solucionarlos y no están vinculados al negocio de manera emocional como tú. El modelo Un Paso a la Vez es una forma ideal para que tu asesor de negocios y tú diagnostiquen qué es lo primero que necesita tu negocio, lo aborden y lo arreglen. Visita FixThisNext.com para obtener herramientas gratuitas y recursos de asesoría.

PERMISO PARA NO LEER

Cuando identifiques tu necesidad vital, sáltate las hojas hasta llegar a ese nivel y necesidad en los siguientes capítulos. No tienes que leer toooodo el libro para hacer avanzar tu negocio.

Capítulo 3
Establecer ventas predecibles

Cuando empecé mi primer negocio, a los veintitrés años, dije: "Cuando mi empresa genere dos millones de dólares, ¡ganaré dos millones de dólares!" ¡Estaba muy emocionado! Creo que acabo de oírte soltar una risita. Lo entiendo. Era ingenuo cuando empezaba. De verdad creía que cuando una empresa generaba dinero, el propietario ganaba casi la misma cantidad. Entonces… eso resultó ser una mierda.

Estaba en este rudo despertar cuando logré que el negocio alcanzara los dos millones de ingresos anuales… y seguía rascando mis bolsillos para sacar dinero. Estaba muy lejos de hacerla en grande. Tuve que retirar de mi exiguo fondo de jubilación para pagar la nómina. No estaba ganando ni un dólar… todavía. Entonces razoné: "Ah, seguro a los cuatro millones es cuando empiezas a llevarte una buena tajada". Ese punto de referencia vino y se fue sin un solo aumento en mis ingresos personales. Pasé de ganar cero a ganar un gran cero. En ese momento, tras usar mi cuenta de jubilación, tuve que refinanciar mi casa por primera vez para cubrir la nómina. Entonces concluí que el número mágico era diez millones. Cuando los alcanzara, por fin me llevaría a casa un buen dinero y viviría la vida de la libertad financiera. Eso también resultó ser un mito, a menos que la libertad financiera signifique estar libre de tener dinero.

Seguí con mi juego mental. "Seguro todo llega junto a los veinte millones", me convencí. Pero para lograrlo necesito un *rainmaker* (una persona que genera negocios). Un cazador. Un vendedor enérgico tan *hambriento* por vender que haría lo necesario para conseguirlo. Pensé que la mayoría de los problemas que enfrentábamos en mi negocio se solucionarían con el aumento de las ventas, así que me concentré en conseguir nuevos trabajos y clientes. Mi teoría se reforzó por el hecho de que me encantaba hablar sobre este aspecto de mi negocio. Mi ego era impulsado por dos cosas: *1)* alardear sobre el número de ingresos y *2)* alardear aún más sobre los ingresos.

Después de esforzarme por aumentar las ventas, al fin pude presumir que había llegado a los veinte millones de dólares, eso sí, había hipotecado mi casa de nuevo y pedí prestado a algunos amigos para mantenerme a flote. Cuando mi negocio creció hasta los dos millones y luego a los cuatro millones de dólares en ingresos mensuales, mis ganancias personales no sólo no mejoraron… se volvieron más esporádicas. Eso sí, el estrés se multiplicó. ¡Santa mierda, ese estrés! Me convertí en ese bicho raro que ves en los embotellamientos de tránsito, hablando solo en su auto mientras golpea al azar moscas invisibles. (Ahora sí podría ser uno de tus amigos.)

La verdad es: tu negocio nunca se cuidará solo. Nunca. El empresario y los empleados cuidan el negocio para asegurar que esté bien firme y saludable desde la base. Para que el equipo tenga éxito (incluso si es un equipo de uno) todos debemos avanzar hacia un objetivo específico. Y esto inicia con *tus* objetivos *personales* específicos. No objetivos de ventas al azar, derechos de fanfarronear o comparaciones con otros empresarios.

Después de hablar con más de cien mil empresarios en los últimos diez años, me quedó claro que la mayoría tenemos objetivos de ventas súper arbitrarios. Elegimos una meta de diez, veinte o mil millones de la nada y luego tratamos de ganarla con nuestro equipo y mucho empeño. ¡Es tan aleatorio! Es como decirle a un equipo de beisbol de las ligas menores que van a ganar el Súper Tazón al convertirse en campeones de Indy. Parece una gran locura y, la verdad… es una gran locura.

No sólo establecí objetivos al azar y entré en pánico para presionar por más y más ventas. Tampoco tenía una idea clara de que el nivel de VENTAS no sólo se trataba de obtener más clientes o más trabajo de los existentes. Pensé que las ventas eran hacer que la gente comprara cosas, cuando en realidad eso sólo es una pequeña parte. No se trata de un apretón de manos o el deslizamiento de una tarjeta de crédito. Una venta es la creación y el cumplimiento de un acuerdo entre tus sus clientes y tú. Este acuerdo incluye cinco etapas distintas:

1) **Conexión:** Es la primera parte del proceso de ventas, piénsala como lo que pasa *antes* de la venta. Para que los clientes consideren comprarte algo, primero debes mostrarles que existes y luego ayudarles a ver que tienes una solución (tus bienes o servicios) que les ayudará a satisfacer una necesidad. Si no eres auténtico, coherente y deliberado en tu comercialización, terminarás con clientes que no quieres y eso significa que las cosas pueden arruinarse antes de *cerrar la venta*. La fase de *conexión* es la venta antes de la venta.

2) **Acuerdo:** Ya sea un contrato, recibo, nota, factura, algún tipo de registro de *blockchain*, un correo electrónico, un apretón de manos, incluso un abrazo, el acuerdo establece los términos de la venta. En otras palabras, el vendedor (tú) dará bienes específicos y el cliente (por lo general) te entregará dinero a cambio.

3) **Entrega:** Es cuando el vendedor/proveedor (tú) completa el trabajo o entrega los bienes según lo prometido al cliente, dentro de los parámetros de tiempo y los *estándares de trabajo* acordados.

4) **Cobro:** En esta etapa el cliente paga al vendedor (¡sí, a ti! ¡Yuhuuu!) por el trabajo o los bienes proporcionados, dentro de los parámetros de tiempo y las cantidades acordadas.

5) **Conclusión:** Es cuando se entregan todos los términos acordados y ambas partes confirman que los parámetros del acuerdo están completos. Esto también puede ocurrir cuando se alcanzan nuevos términos y el proceso empieza otra vez.

Todos sabemos que *más vale pájaro en mano que ciento volando*, que *del plato a la boca se cae la sopa*, que no hay que *cantar victoria antes de tiempo*, que *del dicho al hecho hay mucho trecho*... pero de todos modos lo hacemos. Sentimos un aumento de dopamina al recibir el abrazo, el apretón de manos, el golpe de puño o lo que sea. Sentimos euforia cuando se firma el contrato. Claro, la venta todavía no se ha completado (hasta que el efectivo esté en el banco). Pero incluso si ya recogiste el dinero, la venta aún no está completa. Cuando recibes dinero de un cliente en realidad no es tu dinero hasta que te lo *ganes* (haciendo el trabajo al nivel prometido).

Incluso puede que el cliente te pague antes del trabajo. En este caso corre el riesgo de darte el dinero con la expectativa de que harás el trabajo. Si no lo haces o no lo haces bien, el dinero que te dieron no es tuyo, sigue siendo del cliente. Y no puedes cantar victoria hasta que cumplas el acuerdo.

Me doy cuenta de que esto parece básico, pero pocos dueños de negocios aprenden esta idea simple antes de que sea demasiado tarde. Técnicamente, cuando recibes dinero de un cliente, debes conservarlo hasta que se cumpla el acuerdo o devolverlo si no cumples tu promesa. ¿Cuántos lo hacemos? No muchos. Seguro que no. Antes de implementar el sistema Profit First en mi negocio, en cuanto tenía fondos disponibles en mi cuenta, los gastaba, *me duraba más un pedo en la cola que un peso en la mano*. ¡Cómo te explico! Ya lo había gastado antes de que hicieran el depósito... antes de hacer el trato... en algunos casos antes incluso de saber cómo cumpliría el trato.

Muchas veces los *rainmakers* se enfocan en los apretones de manos; no piensan en el acuerdo *completo* del vendedor-cliente. Cuando me di cuenta de eso, la idea de contratar un equipo de estrellas de rock de las ventas se volvió menos atractiva. No quería a alguien que buscara el apretón de manos porque sabía que prometería demasiado, lo cual afectaría nuestra capacidad de cumplir los acuerdos. Caí en la trampa una y otra vez. Como jefe, podría racionalizarlo, pero seré honesto: trataba de cerrar las ventas (*acuerdos*) y pensaba que resolveríamos los productos finales (*entregas*) después.

Esto salió mal en mi primer negocio, Olmec Systems. Instalábamos sistemas informáticos para empresas, y en 2002 noté que los sistemas telefónicos VoIP estaban ingresando al mercado y eran la oportunidad del futuro. Con un teléfono VoIP las llamadas se enviaban y recibían a través de una red IP en lugar de una línea telefónica. Al ver un futuro pavimentado con oro, me puse en contacto con 3Com, uno de los primeros proveedores importantes en presentar un sistema telefónico VoIP. Como el instalador más nuevo de los sistemas VoIP de 3Com, conseguí una gran venta (*acuerdo*): una instalación de 50 mil dólares y setenta y cinco teléfonos para una compañía en Nueva Jersey. ¡Yuhuuuu! Ése fue un *gran* número para mí y estaba muy entusiasmado.

Me imaginaba cerrando otros contratos grandes de instalaciones de teléfonos VoIP y de inmediato declaré a Olmec como un "proveedor de VoIP". Suponía que nuestra cuenta bancaria engordaría y cualquier desafío financiero desaparecería con cada acuerdo. ¡Estaba a punto de hacer llover billetes!

Después de cerrar la venta me llamaron de 3Com para decir que estaban muy emocionados de vender un "sistema tan grande". De hecho, sus palabras fueron: "¡Es un sistema enorme! ¡No podemos creerlo! ¿Setenta y cinco aparatos? ¡Mierda!" Seguido de una gran pausa y un: "¡Madres!"

Su total sorpresa y asombro debieron ser mi primera señal del desastre que se avecinaba, pero estaba tan enamorado de mi venta que no vi las banderas rojas. Banderas, *en plural*. Muchas banderas rojas. Las madres de las banderas rojas. Todo un almacén lleno de grandes y brillantes banderas rojas...

Pronto descubrí que el sistema más grande que había vendido 3Com era de cinco teléfonos. *Cinco*. Así que no tenían idea de si un sistema de setenta y cinco teléfonos funcionaría en el mundo real, como se prometió. (*spoiler alert*: no pudo.) Peor aún, no estábamos en condiciones de instalar el sistema sin la guía de 3Com y, ya instalado, no teníamos idea de cómo solucionar los innumerables problemas que ocurrían diario.

Nuestro acuerdo de 50 mil dólares resultó en un cliente amenazando con demandarnos y terminamos regresándolo a su antiguo sistema. Perdimos mucho dinero porque pagamos nuestra instalación y desinstalación del sistema VoIP más la reinstalación de su sistema original. Además, le pagamos al antiguo señor del teléfono para solucionar los problemas que surgieron durante la reinstalación. Pasaron meses para que 3Com aceptara que le devolviéramos los equipos y recuperáramos algunos de nuestros costos. Perdimos toneladas de tiempo, de dinero y, lo que es peor, perdimos *toda* nuestra buena reputación.

Es obvio que esto parece una historia de advertencia, pero *1)* es verdad y *2)* seguro te puede pasar si tú o tu equipo de ventas se enfocan más en el apretón de manos que en si pueden o no cumplir bien el acuerdo de la venta.

A veces el cliente no mantiene su parte del trato y una venta registrada en los libros de cuentas por cobrar, una venta con la que contabas para mantener el motor en funcionamiento, nunca se materializa. Esto no es nuevo para ti; ya estuviste ahí, ya hiciste eso y usaste tu playera de "Estuve ahí. Hice esto. Y todo lo que te traje fue esta estúpida playera" para limpiar ese asqueroso desastre. Entonces, ¿por qué te regreso a Introducción a los negocios? Pues porque aceptamos estos problemas comunes como parte de hacer negocios, pero el reto en este momento para dinamitar esa meseta y hacer avanzar tu empresa quizá se relacione con una de las cinco etapas de ventas.

Descubrí que los mejores vendedores están enraizados en el realismo. Saben con claridad qué sirve a sus clientes y son sinceros en su capacidad de entregarles eso. La mejor manera de apoyar a un buen equipo de ventas (incluso si todo el equipo eres tú, Han Solo) es aclarando cuáles son tus objetivos de ventas, por qué los estableces así y asegurarte de que cada etapa del proceso esté en excelente forma.

Ahora repasemos las cinco necesidades básicas que tu empresa debe cumplir para apuntalar el nivel de VENTAS en la PNN.

Necesidad 1: Congruencia con el estilo de vida

Pregunta: ¿sabes cuál debe ser el rendimiento de ventas de la compañía para mantener tu comodidad personal?

De todas las necesidades en este nivel, la congruencia con el estilo de vida es una de las más fáciles y rápidas de abordar, y brinda un gran impacto y claridad. Pero la mayoría de los dueños de negocios que he conocido ni siquiera han considerado cuántos ingresos necesitan para mantener su estilo de vida. Éstos son pilares en tierra firme, sin ellos estás construyendo sobre arena. Será rápido y fácil, pero no te lo puedes saltar.

Al principio de este capítulo compartí mi historia, pero no soy el único, muchas empresas luchan con objetivos arbitrarios. Por ejemplo, un negocio puede apuntar a un millón de dólares de ventas, cuando lo logre, su nuevo objetivo puede ser 5 millones, después 10 o 100. Otros especificarán un objetivo de crecimiento arbitrario del veinte por ciento, año tras año. O como tuvieron un crecimiento de quinientos por ciento (de dos a diez millones en un año), piensen que deberían tener un crecimiento de quinientos por ciento para la eternidad. (Pista: no deberías; ni siquiera Jeff Bezos lo hace.) Establecer un objetivo de ventas arbitrario es como establecer un objetivo de salud de vivir ciento veinte años, pero ignorar la calidad de vida. Podrías alcanzar la meta y seguir viviendo una vida miserable lidiando con muchos problemas de salud.

Para un negocio el método más simple (pero muchas veces pasado por alto) para establecer objetivos comerciales con propósito es vincularlos con su importancia personal. Como punto de partida, escribe con claridad sobre el ingreso *personal* que mantiene tu nivel actual de comodidad *personal*. Calcula cuánto necesitarás (cuánto necesitarás *de verdad*). Para muchos empresarios esto significa ingresos adecuados para respaldar su estilo de vida y eliminar cualquier deuda actual. También debe incluir un plan de ahorro para futuros gastos (como comprar un automóvil más nuevo o ahorrar para educación o jubilación). El objetivo es determinar la *cifra de comodidad*, no el *ingreso soñado o deseado*.

Ya que lo determinaste, realiza ingeniería inversa de los ingresos que necesitas para mantener eso de manera constante. (Más adelante explicaré cómo determinar tu salario neto en función de tus ingresos por ventas para que no caigas en la misma trampa que yo: aumentar las ventas, pero seguir sin un peso.) Establecerás otros objetivos, por ejemplo, de ventas, ganancias y número de empleados. Pero todos están supeditados a saber cuánto necesitas.

Muchos empresarios concluyen que un negocio más grande es mejor. Falso. Eso no es cierto. El mejor negocio es el que te brinda comodidad al principio y la capacidad de crecer personalmente de la forma que quieras. En otras palabras, el objetivo es tener el negocio del tamaño adecuado para ti.

La medición se integra en esta necesidad. Para saber qué necesita tu negocio, debes saber qué necesitas tú. Recuerda, éste es tu nivel de comodidad (o sea, no andar pidiendo limosna en la calle), no el ingreso de tus sueños, eso llegará a su debido tiempo. Primero suma los costos de vida. Luego considera (sé muy honesto) ¿qué estás dispuesto a sacrificar en tu vida personal para reducir la carga de costos de tu compañía? Seguro estás acostumbrado a renunciar a cosas para financiar tu empresa; después de todo, eres dueño de un negocio. Al considerar esos sacrificios, piensa cuánto tiempo estarías dispuesto a seguir así. Luego determina cómo hacer las cuentas, qué porcentaje de ingresos usarás para compensarte, qué traerá los niveles de ingreso para lo que quieres, etc. Entonces la medición será súper simple: ¿puedes pagar tus gastos mensuales personales?

OMEM: Congruencia con el estilo de vida

Supongamos que llevas dos años con tu firma. No te das un salario regular; más bien retiras dinero del negocio cada que puedes. Es difícil predecir tus ingresos aleatorios, por lo que cuando necesitas más dinero para gastos personales, tu solución es vender más y usar la tarjeta de crédito *para emergencias* otra vez. Usando este ejemplo, tu proceso OMEM podría ser así:

1) ***Objetivo:*** Ganar 150 mil dólares al año. Contando la renta, la comida, los servicios públicos, los ahorros futuros básicos y eliminar los lujos como el alquiler de automóviles y las cenas, resulta que puedes vivir de manera modesta, pero cómoda, con 100 mil al año. Tu ingreso anual actual es de 45 mil.

2) ***Medición:*** Siguiendo el método Profit First de configurar cuentas bancarias para diferentes pagos, designas y configuras una cuenta que se llame PAGO DEL DUEÑO para tu pago neto. Digamos que decides asignar veinte por ciento de tus ingresos depositados en PAGO DEL DUEÑO. Para alcanzar tu meta de recibir un salario de 100 mil, tu negocio necesita llegar a los 500 mil en ventas anuales. (¿Ves cómo no necesitas vender miles de millones para mantener tu estilo de vida?)

3) ***Evaluación:*** Suponiendo que pagas la nómina cada quincena, revisarás las dos métricas (ventas generales y tu pago) cada dos semanas. Luego crea una hoja de cálculo con dos columnas donde registres las ventas y tu salario. Después calcula el promedio para mostrar la tendencia quincenal.

4) ***Modificación:*** Digamos que sólo tú estás a cargo de las finanzas de la compañía, así que serás el único que evalúe y ajuste sobre la marcha si lo consideras apropiado. Pones una gran nota adhesiva sobre tu escritorio que diga "sobrevive hasta los diez", un recordatorio de tu objetivo de ventas anuales de 500 mil. Conforme avanzas en este proceso quincenal, observas que tomar tu salario es un buen indicador (así que no necesitas ajustar las mediciones) y que el plan se puede modificar: puedes tomar veinticinco por ciento de las ventas como pago del dueño sin afectar al negocio. Entonces ajustas el porcentaje y estableces una nueva meta anual de 400 mil

que sea congruente con tu estilo de vida. Cambias tu frase y ahora dices: "¡La vida no es aburrida cuando llego a los ocho!"

5) **Resultado:** Nunca esperarías que ajustar tu estilo de vida no compromete tu felicidad. No lo hace. ¡Súper! Ahora tienes una razón para alcanzar 400 mil en ventas (y no se trata de ser más grande o seguir el ritmo de la industria). Tu objetivo de ventas se relaciona de forma directa con tu comodidad: la salsa secreta para el crecimiento futuro. No más movimientos desesperados. No más ventas sólo para vender. No más preocupaciones ni comparaciones con los demás empresarios. Como resultado, te vuelves más disciplinado, calculado y la base comercial de tu nivel de VENTAS es más sólida que nunca.

Necesidad 2: Atracción de prospectos

Pregunta: ¿atraes suficientes prospectos de calidad para respaldar las ventas que necesitas?

Hace mucho tiempo era ese bobo molesto *siempre-cerrando* que todos los dueños de negocios odian: el tipo que aparece sin avisar para venderte algo. Ya sabes, solicitudes no solicitadas. Cuando empecé Olmec Systems tuve la brillante idea de ir de puerta en puerta vendiendo nuestros servicios informáticos. Estaba seguro de que mi barba partida y mi personalidad carismática cerrarían muchos negocios. (Mi esposa miró por encima de mi hombro cuando escribí estas palabras y ahora está en el piso riendo a carcajadas. No giraré mi carismática barba partida para darle la razón.) Entonces salí a conseguir algunos clientes.

Duré un día. En realidad, como tres horas. Puerta tras puerta me rechazaron o me escoltaron los de seguridad. Tras veintiún rechazos seguidos me senté en la acera con la baba goteando por mi fina barba partida. Era claro que no tenía idea de cómo crear conciencia de mi empresa y mucho menos cómo atraer a los clientes adecuados para mi negocio.

La mayoría de los dueños de negocios pasan por tres etapas de conciencia cuando se trata de encontrar clientes. Primero está la etapa de *cualquiera*", ya sabes, cuando ignoras las advertencias de tu madre de un *peligro extraño* y piensas que todos en el mundo son un cliente potencial. Luego te das cuenta de que estás fuera de base y eliges un mercado para vender. Por lo general esta decisión se basa en lo que otras empresas están (o no) haciendo. Al final encuentras *tu* mercado, un mercado que te sirve. Para encontrarlo necesitas tener bien claro qué puede hacer, qué quiere y qué necesita tu compañía.

Si los prospectos no identifican que tu negocio es una solución a sus necesidades, significa que no estás *en su mente*. Al tener una presencia constante en una comunidad de prospectos ideales, con una reputación de excelencia, generarás un grado de conciencia en los prospectos, que te buscarán cuando requieran tu servicio o producto. Observa a todos tus clientes existentes e identifica los mejores. ¿Cuáles demuestran que te valoran? ¿A qué clientes te gusta servir?

Ordena los atributos más significativos, por ejemplo: sin problema *pueden* pagar 10 mil dólares en tarifas anuales porque tienen un millón en ingresos (quieren pagar 10 mil porque valoran el tiempo que les ahorras, más que las tarifas). Identifica otros elementos como estilo de comunicación o su percepción de la importancia de tu oferta. ¿En qué industria están? O si eres una compañía del tipo *negocio-a-consumidor* (B2C por sus siglas en inglés) ¿qué demografías o psicografías comunes comparten tus consumidores? Documenta el avatar y establece preguntas de investigación en torno a estos elementos.

Tersh y Julie Blissett, de IceBound HVAC, hicieron este análisis. Descubrieron que los clientes residenciales eran mejores que los clientes comerciales porque pagaban a tiempo o por adelantado, mientras que los comerciales extendían los términos. Sabiendo esto,

Tersh y Julie identificaron a los mejores clientes residenciales que tenían: parejas de doble ingreso que valoraban su tiempo y tenían hijos mayores. Ellos fueron los mejores clientes en la revisión de Tersh y Julie de su historial de ventas. Con eso se definió el nuevo avatar.

Luego busca *puntos de reunión*. ¿Dónde pasan su tiempo libre? Tal vez van a conferencias o están en el mismo club. Podrían ser fanáticos de cierto podcast o revista. El objetivo es encontrar esos lugares donde tus avatares ideales comparten sus creencias, experiencias y conocimientos con otros como ellos.

Veamos a mi esposa, por ejemplo. Le encantan las bolsas, los zapatos y la moda en general. Su punto de reunión virtual con otras señoras de ideas afines es un podcast llamado *My Favorite Murder*. Lo escucha de manera religiosa, al igual que una tribu de cientos de miles de mujeres que predican: "Mantente sexy sin morir en el intento". Todas lo oyen cada semana y hasta se pusieron un nombre de tribu: Murderinas. Si quieres vender bolsas y zapatos sexys o un poco de gas pimienta, acabas de encontrar un punto de reunión para los consumidores a los que apuntas. Si vendes otra cosa, sólo pregúntate dónde se reúne tu comunidad de Murderinas y aparécete por ahí.

Una vez que identifiques estas comunidades, vuélvete un participante activo. Para hacerlo sólo aparécete por ahí o métete a través de las relaciones públicas (por ejemplo, como invitado de un podcast), también puedes crear campañas de marketing y publicidad apuntando a esas comunidades.

OMEM: Atracción de prospectos

Digamos que tienes un negocio de diseños web. Creas páginas de internet para dentistas que quieren optimizar el número de clientes potenciales que captura su sitio. El análisis Un Paso a la Vez señala que tu necesidad vital es la calidad de los prospectos. Todos los dentistas (y sus madres) te llaman... literalmente. La semana pasada la madre de uno te marcó para decirte que su "hijito tan guapo" necesitaba una "página de internet profesional" en "el Google" y ya hasta tiene el diseño en acuarela, pero necesita que tú la hagas por 500 dólares o menos. He aquí un ejemplo de cómo determinar si tienes apuntalada la atracción de prospectos:

1) **Objetivo:** Necesitas más prospectos de calidad (incluido el niño guapo de mami). Antes cualquiera era un buen prospecto y las conversaciones se enfocaban en negociar tu precio. Ya que se convirtieron en clientes, la mitad del tiempo de las llamadas fue para hablar de cómo realizar el trabajo, en vez de repasar los resultados. Ahora defines un prospecto de calidad por su disposición a pagar la tarifa sin discutir sobre el precio ni preocuparse tanto por lo que haces o entregas. Tu objetivo es que ochenta por ciento de tus prospectos cumpla con tus nuevos estándares de calidad; en este momento ese número está en cincuenta por ciento.

2) **Medición:** En vez de tener varias variables o tarifas personalizadas, estableces tarifas por proyecto con números fijos simples: 5 mil dólares por una página web básica; 7 mil 500 por *upgrades* moderados y 10 mil por diseños y funcionalidades avanzadas. Necesitas que te llegue un flujo constante de efectivo, así que a veces puedes ser flexible en el precio, pero si el prospecto se centra en obtener una ganga no es de calidad. La otra medición de *microgestión* es más cualitativa, pero busca la manera de ponerle números. Por ejemplo, realiza un seguimiento de la proporción de preguntas que hacen sobre la ejecución de tu trabajo comparadas con las que hacen sobre el resultado.

3) **Evaluación:** En promedio, cada semana tu empresa consigue un cliente potencial por cada cuatro prospectos. Así decides que un buen intervalo para verificar los datos acumulados es una vez al mes. Esto te dará suficientes *muestras*, alrededor de quince prospectos considerados cada mes. Creas una

hoja de cálculo simple de tres columnas que usará tu equipo de ventas. La primera columna registra la respuesta *Sí/No* a *¿El cliente potencial solicitó un descuento en el precio?* La segunda columna dice: *Número de preguntas sobre nuestro proceso.* La tercera: *Número de preguntas sobre el resultado que entregamos.*

4) ***Modificación:*** Trabajas con los dos vendedores que llevan todos los prospectos entrantes en estrategias para lograr que tu objetivo cobre vida. Te sugieren colocar un pizarrón para rastrear la cantidad de prospectos de calidad que se convierten en clientes. Tus vendedores te dieron la información que estabas esperando: corregir tu sitio web. Tu página es hermosa, pero, en efecto, dice: "Servimos a cualquiera". Ahora tienes un plan para asegurarte de que tu sitio web diga: "Servimos a personas específicas con necesidades específicas". Lo sentimos, niño guapo de mami.

5) ***Resultado:*** El rediseño de tu sitio web fue clave; la especificidad acerca de a quién sirves cambió todo. Ahora recibes menos consultas entrantes, pero alrededor de noventa por ciento son de dentistas calificados, serios y listos para pagar por un sitio que les genere buenos contactos. Lograste tu objetivo de calidad rápido y sin necesidad de modificar las mediciones. Con esta necesidad abordada regresas al proceso Un Paso a la Vez para identificar y corregir la siguiente necesidad vital.

Necesidad 3: Conversión de clientes

Pregunta: ¿conviertes suficientes prospectos en clientes para respaldar las ventas que necesitas?

Si entra basura, sale basura. En otras palabras, la consistencia de tus entradas (prospectos) dicta la calidad de tus salidas (conversiones).

Entonces, cuando fortalezcas la necesidad de prospectos, estarás en mejor posición de apuntalar las conversiones. Quizá tu negocio necesita asegurarse de atraer prospectos de calidad antes de centrar sus esfuerzos en la conversión de clientes. Una vez que tienes una fuente sólida de prospectos de calidad, el objetivo es lograr una tasa alta de conversión y (si aplica a tu modelo de negocio) una alta tasa de retención de esos clientes de alta calidad. En esencia, servirás mejor a menos tipos de clientes haciendo menos cosas mejor.

Si estás pasando tiempo significativo en prospectos que no se vuelven clientes (o sí, pero de mala calidad), quizá estás lidiando con uno o más de los siguientes problemas:

1) Un problema con las necesidades que hemos visto, como congruencia con el estilo de vida: vendiendo sólo para vender. O un problema con la atracción de prospectos. Por ejemplo: dar incentivos para atraer a cualquier cliente *versus* un buen cliente.

2) Una definición poco clara o inexistente de un buen cliente o la imposibilidad de calificar a los prospectos con respecto a esos parámetros. Vender lo incorrecto de la manera correcta o vender lo correcto de la manera incorrecta: es como vender hielo a los esquimales; simplemente no lo necesitan. Incluso si eres *el mejor vendedor del mundo* y *puedes venderles hielo a los esquimales*, sigues comerciando lo incorrecto. Lo cual, supongo, significa que no eres el mejor vendedor del mundo.

   Cuando vendes lo correcto de la manera correcta, les hablas a las verdaderas necesidades de tu cliente. Los clientes no compran características, compran beneficios. Tersh vende a las personas que quieren una casa cómoda todo el año (beneficio) y no desean supervisar el trabajo (beneficio).

3) Prometer demasiado es vender más de lo que puedes ofrecer. En pocas palabras, es lo mismo que mentir, excepto que con amabilidad y sin idea de lo que dices. Fui cliente de un proyecto para el que compramos cuchillos. El vendedor del

proveedor prometió: "Siempre entregamos a tiempo, aunque tenga que hacer los cuchillos con mis manos. Te doy mi palabra". Bien… no entregaron a tiempo y el señor no hizo los cuchillos. En el siguiente pedido escuché la misma promesa excesiva, señal de alerta de que nada había mejorado. Cancelamos el pedido y buscamos otra alternativa.

4) Sobrevender es la trampa de explicar más y más tu oferta cuando el cliente ya decidió comprarte. La cuestión es que, mientras tratas de cerrar la venta, la gente salta entre *debería hacerlo* y *no debería hacerlo*. Cuanto más explicas, más detalles debe considerar, esto la orilla a no tomar una decisión o dejarla para después.

5) Cerrar en vez de abrir los ojos. Cerrar los ojos es cuando intentas que el prospecto se ajuste buscando indicadores de que deberías trabajar con él. Abrir los ojos es cuando buscas indicadores de por qué *no* ajusta; es un enfoque más estricto y efectivo para seleccionar a los prospectos ideales.

La conversión es una consideración de ambos lados: qué *quieren* y qué *quieres*. Con demasiada frecuencia, los negocios se centran en lo que *quieren* y hacen lo necesario para *obtener un sí*.

Mi mentalidad de la vieja escuela siempre fue conseguir prospectos que digan sí. Pero luego descubrí una pregunta muy buena: ¿cómo me haría decir *sí*? Es decir, ¿cómo sé que puedo y quiero servir a estas personas? Me concentré en lo que haría que los prospectos encajaran bien en mi negocio, no al revés.

La clave es asegurarse de que tu cliente y tú están alineados. ¿Qué te produce más alegría: vender por precio, conveniencia o calidad? ¿A qué tipo de clientes es un placer servirles? ¿Qué servicios o productos te encanta ofrecer? Ya que descubriste este punto, encontraste tu *eso*. Ahora hazte las siguientes preguntas:

¿La historia de mi empresa es coherente con *eso*?

¿El precio es coherente con *eso*?

¿La experiencia que entrego es coherente con *eso*?

La fuente definitiva para aprender a atraer prospectos y convertirlos en clientes es el libro de Donald Miller: *Building a Story Brand: Clarify Your Message So Customers Will Listen*. Pensé que sabía cómo hacer eso, hasta que conocí a Don. Siempre creí que, como empresario, mi papel en el negocio era ser el héroe, entrar a rescatar al cliente de cualquier situación difícil en la que estuviera atrapado. Don me enseñó que, más bien, debía tratar a mis clientes como el héroe y considerarme su guía. Tu cliente es Luke Skywalker, no tú. Tú eres Obi-Wan Kenobi.

Primero examina tus incentivos para atraer clientes. Si tienes un equipo de ventas, ¿los recompensas por cerrar ventas o por la longevidad y calidad del cliente? ¿Reconoces la cantidad de ventas *versus* la calidad (como una tabla métrica que mide el número de clientes en vez de su felicidad o la longevidad)?

OMEM: Conversión de clientes

Supongamos que acabas de comprar un taller de reparación de automóviles. El negocio lleva muchas décadas y tiene una gran reputación en la ciudad. Haces el análisis UPV y notas una gran variedad de clientes. El mes pasado atendieron autos extranjeros, nacionales, exóticos, motocicletas, todo terreno, incluso algunas bicicletas de montaña. Esta empresa tiene la mentalidad de que cualquier cliente es un buen cliente, pero ya sabes que eso no es cierto. La variedad de clientes impone una gran variedad de requisitos en su nuevo negocio. Entre más variedad de demanda exista en tu empresa, más débil será. Harás que tu taller de autos se vuelva sólido como una roca al servir sólo a los mejores clientes.

1) **Objetivo:** Quieres que más clientes adecuados usen tu taller. Tu equipo e intereses están con los autos nacionales. En la actualidad, sólo veinticinco por ciento de tu negocio repara este tipo de autos. Tu objetivo es llegar a cincuenta y uno por ciento.

2) **Medición:** A veces la estructura de compensación por ventas no está vinculada a la calidad del cliente. Considera comisiones o estructuras de recompensas que valoren a los clientes antiguos y de alta calidad. Considera recompensar la conversión de prospectos que se acerquen al avatar del cliente ideal. Considera bajar las recompensas de los prospectos que se convierten en clientes, pero que no coinciden con el avatar. Primero define el tiempo para lograr ese objetivo: quieres que las reparaciones nacionales alcancen cincuenta y uno por ciento en un año. A continuación, registra el número de los trabajos nacionales por semana: cuatro. Alcanzarás tu objetivo si aumentas a diez por semana.

3) **Evaluación:** Te programas para revisar los números cada viernes. Ya tenías un viernes *minisocial* (o sea, unas chelitas) con el equipo a la hora de cierre. Ahora sólo agregarás una reunión breve e informal para discutir el progreso de tu objetivo.

4) **Modificación:** Te reúnes con los técnicos de reparación para explicarles el objetivo y cómo los beneficiará. Podrán concentrarse en mejorar habilidades específicas, obtener más capacitación, incluso hacer que vendedores de refacciones nacionales lleguen a acuerdos especiales con la tienda. Un mecánico levanta la mano para compartir una idea: usar un pizarrón como antes y, con gis, marcar cada trabajo nacional que hagan en la semana.

El viernes a las 5:00 p.m., al cerrar la tienda, todos se toman una cerveza y discuten el pizarrón. El primer mes sólo son números, pero sí muestra que obtienes alrededor de cuatro trabajos a la semana. Entonces empiezan a surgir las ideas. ¿Y si regalamos a los nuevos clientes de automóviles nacionales calcomanías y sombreros? ¿Y si les damos a los prospectos con autos nacionales servicios más rápidos cuando se conviertan en clientes? ¿Y si…?

5) **Resultado:** Con el OMEM listo, los prospectos correctos se notan de inmediato y el tratamiento especial hacia los encargos

nacionales empieza a dar frutos. En tres meses la frecuencia del trabajo nacional es de cinco por semana, y en un año tienes nueve. No es justo lo que esperabas, pero está súper cerca.

Necesidad 4: Cumplir los compromisos

Pregunta: ¿siempre le cumples al cliente lo que prometes?

Cada año, el sitio de noticias financieras *24/7 Wall St.* publica su lista de las veinte compañías más odiadas de Estados Unidos. En las listas anteriores encontrarás empresas como United Airlines, Facebook, Equifax, Uber y Weinstein Company. Sospecho que no necesitas leer el resumen anual para descubrir por qué son nefastas. Todas tienen en común el decepcionar a sus clientes. Ya sea que no mantuvieran segura la información privada o la vendieran al mejor postor; que maltrataran a sus empleados o que se involucraran en conducta criminal; que se comprometieran demasiado y no entregaran los productos y servicios, todas esas empresas perdieron el rumbo… y algunos clientes.

Tengo una regla simple que evita que mi negocio sea la vigésima primera compañía más odiada: "Ninguna noticia sigue siendo noticia." Cuando se trata de comentarios de los clientes, se nos enseñó que *si no hay noticias es buena noticia* porque significa que están contentos con su experiencia. No estoy de acuerdo. Si no hay noticias puede significar que el cliente no quiere decirte que *está inconforme*. Muchas personas evitan por completo las confrontaciones y no te dirán cuándo están enojadas, decepcionadas o ambas. En cambio, le darán tu lugar a tu competidor sin decirte nada, dejándote con la duda de ¿qué pasó? La clave para triunfar en la fase de cumplir acuerdos de ventas es establecer expectativas y cumplirlas (o volver a establecerlas si te quedaste corto). No importa si cumples tu promesa como se esperaba o si te retrasaste, siempre mantén informado a tu cliente sobre tu progreso *antes* de que te pregunten.

Si no estás cumpliendo lo que prometiste, quizá estás atrapado en la *trampa de doble hélice*, una idea explicada por Barry Moltz y Mary Jane Grinstead, autores de *BAM! Bust A Myth: Delivering Customer Service in a Self- Service World.* Es cuando el enfoque de tu empresa oscila entre las ventas y los productos finales. Necesitas ventas para impulsar tu negocio y cumplir todos esos acuerdos o promesas. El reto es que muchos empresarios sólo se enfocan *en uno o en el otro.* Cuando no hay acuerdos de ventas que cumplir, los miembros de tu equipo aseguran más trabajos. Cuando llegan las ventas, su atención se centra en cumplirlas. Pero al quitar la atención de las ventas, el negocio se desacelera, así que regresan a enfocarse en las ventas para mantener el motor en funcionamiento, lo que significa que no cumplirán con lo prometido. Si no se resuelve el problema, este ir y venir resultará en agotamiento excesivo del equipo y del dueño, pérdida de clientes, incluso de reputación. Tal vez no serás la empresa más odiada de tu industria, pero podrías acercarte mucho.

Un reto en la entrega de productos finales también puede significar que estás al máximo de tu capacidad, lo cual les pasa a compañías estacionales o de temporada, por ejemplo: los contadores fiscales, los quitanieves o cualquier empresa que atraviesa un gran lanzamiento de ventas. Si tu negocio está en esta posición, indica una ineficiencia en el proceso de entrega. De forma inevitable, habrá un cuello de botella dentro del proceso de producción que debe liberarse. En vez de aumentar la eficiencia en múltiples áreas, concéntrate en el cuello de botella más grande (el área donde se acumula más trabajo, y espera a que el cuello de botella lo procese) y encuentra mejoras para que puedas eliminarlo. Esto puede implicar identificar redundancias en el equipo, el personal o ambos. O quizá necesitas rediseñar y optimizar la forma en que se completa el proceso de cuello de botella. Si eres un *solopreneur*, la solución podría ser contratar a alguien para que entregue los productos finales por ti y puedas concentrarte en tareas de mayor impacto.

OMEM: Cumplir los compromisos

Para este ejemplo de OMEM, imaginemos que tienes un negocio de pasear perros. Eres maravilloso para conseguir clientes, pero tu análisis Un Paso la Vez define la necesidad vital que debes arreglar de inmediato si quieres mantener una base saludable para tu negocio. No estás cumpliendo los compromisos de manera constante. De hecho, tus evaluaciones en internet no son muy halagadoras.

1) **Objetivo:** Notas en las evaluaciones que la mayoría de las quejas son sobre el horario. "Dijeron que llegarían a las 8:00 a.m. y aparecieron hasta las 8:40 a.m. Tuve que esperar aquí con mi perro y llegué tarde al trabajo por su culpa. ¡Es una compañía nefasta!" Como te enseño mamá, un minuto tarde ya es tarde, así que lo usas como definición de puntualidad. En general, tu equipo de paseadores de perros ha llegado tarde sesenta por ciento de las veces. El objetivo será llegar a tiempo noventa y ocho por ciento del tiempo. Reconoces que la perfección es imposible porque el equipo está sujeto a factores fuera de su control. Por ejemplo, una tormenta tremenda con truenos trágicos tronaría el horario.

2) **Medición:** La medición es simple: ¿el equipo llegó a la hora programada o antes? Sólo necesitas una métrica, a tiempo o no, definida al saludar al cliente a la hora de llegada designada o cinco minutos antes. Como el equipo no quiere decepcionarte, hará tooodo lo posible, pero claro, también pueden distorsionar un poco la verdad. Así que estableces un sistema de control, una encuesta diaria de tres preguntas a los clientes que incluye la pregunta: ¿Llegamos a tiempo?

3) **Evaluación:** Tienes más de cien clientes activos y la mayoría requiere visitas diarias de lunes a viernes. Esto te permite recopilar muchos datos y la posibilidad de verificarlos todos los días.

4) **Modificación:** Las cosas no salen según lo planeado. Todos saben que deben llegar a tiempo, siempre. Ya están trabajando

duro para hacerlo bien. Por eso, aunque están de acuerdo en que cumplieron la métrica, la solución requiere una lluvia de ideas del equipo para encontrar otra forma de mejorar. Alguien dice: "Oigan, ¿y si hacemos eso de prometer menos y entregar de más?" Explicando que pueden pasar de los horarios exactos de las citas a los horarios aproximados de media hora. En vez de decir que llegarás a las 9 en punto, dices: "Estamos programados para llegar entre 8:45 y 9:15 a.m." Ahora tu equipo tiene la flexibilidad necesaria para explicar las fluctuaciones en su día. El equipo también te da retroalimentación sobre tus métricas y descubres que hay una definición diferente de retraso. Incluso cuando un paseador de perro llega temprano, si el dueño no sabe que está allí, puede sentir que llegó tarde. Entonces, la nueva medición es avisar que llegó temprano enviando un mensaje de texto al propietario cuando recoge a su perro.

5) **Resultado:** Los clientes están encantados. En un mes de la implementación del nuevo plan (y con sólo pequeños ajustes), la métrica te ubica en una tasa de llegada a tiempo de noventa y nueve por ciento. A los clientes les encantaron los mensajes de texto avisando que ya estaba en la casa porque acompañaban las notificaciones con selfies improvisadas de los paseadores con los perritos. ¿Quién se imaginaría que sólo era cuestión de cambiar la percepción del cliente sobre el tiempo? Bueno, tú y tu equipo lo hicieron.

Necesidad 5: Cobrar

Pregunta: ¿tus clientes cumplen sus compromisos por completo?

En mi empresa, Profit First Professionals, tocamos un gong gigante cuando se registra un miembro nuevo. Significa que vamos en el paso dos del proceso del acuerdo de venta y es un hito que vale la pena celebrar. Antes, en cuanto se firmaba el contrato, contaba en la mente el dinero que iba a ganar. Entonces, cuando veía el informe de cuentas por cobrar y el dinero que me debían, pensaba que pronto repercutiría en mi cuenta bancaria. Si el número era alto me sentía bien, porque suponía que con el tiempo tendría ese dinero. Excepto que, a veces, los clientes no pagan o no completo.

Al dejar la responsabilidad de las cuentas por cobrar a mi equipo, lo convertí en su problema, cuando en realidad es parte del proceso de ventas. Sí, a veces necesitas imponer cobros a un cliente porque no cumple con su obligación. Pero otras tú tampoco cumples las tuyas.

Nunca se siente bien que te deban dinero. Como expliqué antes, una venta sólo está completa cuando las dos partes ya cumplieron sus compromisos en los términos acordados, lo cual incluye que el cliente pague completo y a tiempo.

Para resolver un problema de cobranza puedes:

1) Cambiar (y reforzar) los términos para requerir pagos antes o en cantidades mayores por adelantado.
2) Ofrecer métodos de pago alternativos (como pago con tarjeta de crédito) donde el responsable de obtener los fondos es el prestamista.
3) Ofrecer métodos alternativos que faciliten el pago a los clientes (como PayPal).
4) Implementar un plan de cobros, por ejemplo: pide que te confirmen el recibo o la factura y envía una notificación cuando la factura esté por vencer.
5) Dar seguimiento a los cobros de clientes individuales y aplicar restricciones a los clientes que pagan mal.

Si tienes un acuerdo donde el cliente paga cierta cantidad por un tiempo determinado y no lo cumple, entonces tienes un problema de ventas. Si lo toleras, te conviertes en un banco (prestamista) para tu cliente… y sospecho que no eres dueño de un banco. Si no lo toleras, estás administrando tus necesidades de ventas de manera correcta.

Un factor que entra en juego es la *matriz de obligaciones del comprador/prestador de servicios* que refleja la relación vendedor-cliente. Cuando una relación nueva se vuelve continua, el sentido de obligación para ti (el prestador de servicios, en este escenario) y para el cliente (el comprador) cambia. Al principio de la nueva relación el prestatario tiene un mayor sentido de obligación de devolverle al prestamista, debido a la *emoción* que siente por la adquisición de los bienes o la recepción de un préstamo.

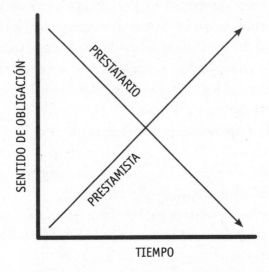

Figura 5. *Matriz de obligaciones del comprador/prestador de servicios*

Pero con el tiempo baja el sentido de obligación del comprador de pagar al prestador de servicios. Su enfoque cambia a otras cosas, la *emoción* de la transacción inicial se desvanece y hace otras compras. Por el contrario, cada día sin pago aumenta el sentido de obligación del comprador. Ahora el prestador se preocupa por recibir (o no) el pago. Conforme pasa el tiempo, la responsabilidad se mueve del sentido de obligación del comprador de pagar a la capacidad del prestador de servicios de cobrar lo que se le debe. Como eres el prestador, amigo mío, el tiempo *no* es tu ventaja.

Desde el punto de vista del prestador (otra vez tú), quieres poner un plazo más estricto en las condiciones de pago. Incluso los pagos chiquitos pero frecuentes sirven tanto al prestador como al comprador porque mantienen la obligación de pago y se hacen pagos regulares, lo que disminuye la obligación de cobro del prestador.

Si identificas que las cobranzas son la necesidad vital que debes abordar esta vez, te recomiendo mucho que la cobranza de deudas antiguas sea parte de tu plan.

La antigua empresa de Zach Smith, Analog Method, tenía una cuenta vencida de quinientos mil dólares con una empresa que hacía comidas escolares. Cada mes llamaba para pedir el pago y le respondían que no podían pagarla. La deuda tenía casi un año y la *matriz de obligaciones del comprador/prestador de servicios* se había estancado.

Sugerí un cambio simple al plan de Zach. En la siguiente llamada preguntó:

—¿Cuánto pueden pagar cada semana?

—No lo sabemos —respondió el encargado.

—¿Pueden pagar un dólar? —preguntó Zach.

—Claro que sí.

—¿Veinte dólares?

—Obvio.

—¿Cincuenta dólares? —presionó Zach.

—Seguro.

—¿Cien?

—Sí, eso no sería un problema.

—¿Y doscientos cincuenta?

—Quizá eso ya no… —respondió.

Ahora Zach tenía un rango de cuánto podía pagar su cliente moroso.

—¿Y doscientos a la semana? ¿Sería un gran problema?

—No, está bien. Podríamos pagar eso.

—Hecho. Doscientos dólares a la semana.

Tenemos al cliente de Zach en un ritmo de pago; en realidad la cantidad no importa. A partir de ese momento, Analog Method volvió a estar en su radar cada semana. Regresó la *matriz de obligaciones del comprador/prestador de servicios* a su favor. El cliente ya no pensaba en esa factura como una *que no podía pagar* porque descubrimos la cantidad que *sí podía* pagar. Ahora la deuda estaba en la cabeza del cliente y se restableció su sentido de responsabilidad. Algunas semanas incluso pagaban más. Tardaron otro año, pero los quinientos mil dólares completos quedaron saldados.

Durante los últimos cuatro años Cyndi Thomason, fundadora de una firma de contabilidad, fue una de las primeras personas en adoptar los nuevos conceptos sobre los que escribo. Fue una de las primeras compañías en el mundo en obtener la certificación Profit First. Usó el método de crecimiento de nicho que detallo en mi libro *Surge* [4] para crecer su negocio de menos de 50 mil (en ingresos anuales) a casi un millón de dólares. También aplicó el sistema Clockwork para optimizar su negocio y poder tomar sus primeras vacaciones de cuatro semanas. (De hecho, mientras escribo estas palabras, ella y su esposo acaban de regresar de sus segundas vacaciones de cuatro semanas. ¡Increíbles fotos, querida!)

Cyndi se reunió con su equipo para abordar el dolor y la abrumadora sensación de crecer tan rápido. Para una empresa de contabilidad, un ingreso adicional de 250 mil cada año, durante cuatro años, representa *mucha* obligación adicional. En la reunión les pidió a todos los miembros del equipo que hicieran el análisis Un Paso a la Vez. Estuvieron de acuerdo en muchos puntos y en otros no, lo que resultó en una discusión que les dio mucha claridad.

Conocer diferentes opiniones genera poder. Como dueño de un negocio, puedes hacer el análisis Un Paso a la Vez tú solo, claro, pero para ampliar la herramienta hazlo con tu equipo y un asesor de negocios. [5]

El equipo de Cyndi identificó necesidades en múltiples niveles, por ejemplo: un reto en cumplir los compromisos y un problema de

---

[4] *Surge* y los recursos gratuitos que lo acompañan se pueden encontrar en SurgeByMikeMichalowicz.com (disponible sólo en inglés).

[5] Visita FixThisNext.com para encontrar un asesor de negocios certificado en el proceso de Un Paso a la Vez (disponible sólo en inglés).

capacidad en el nivel de VENTAS; un reto para minimizar el esfuerzo desperdiciado en el nivel de ORDEN y un desafío en torno a la motivación de la misión en el nivel de IMPACTO, entre otros.

Siguieron la regla de oro del análisis UPV y determinaron la mayor necesidad en el nivel más bajo (es decir, identificaron su necesidad vital): cumplir los compromisos en el nivel de VENTAS.

A veces, cuando tratas un problema que aborda una necesidad vital, terminas arreglando dos por uno. Por ejemplo, al tratar de resolver el problema para que los contadores pudieran decir con confianza que cumplirían los compromisos terminaron arreglando otra necesidad que no tenía palomita en el nivel de ORDEN: redundancia de personas clave. He aquí cómo sucedió: Cyndi y su equipo se dieron cuenta de que necesitaban observar dónde disminuía el flujo de trabajo. Todos en la firma de contabilidad tenían una habilidad específica, pero no había dos personas que tuvieran la misma habilidad. Es decir, si una persona no estaba disponible o no podía seguir el ritmo de su trabajo, nadie más podía. Entonces, todos los que dependían de ese trabajo tendrían que esperar hasta que esa persona regresara o se pusiera al día. Como el trabajo venía en oleadas, si en un momento determinado una persona se abrumaba, dejaba a todos cruzados de brazos porque no podían ayudarle y, como resultado, no cumplían los plazos.

Para resolver el problema, la firma capacitó a los empleados en habilidades básicas para que pudieran hacer el trabajo de otro, permitiendo al equipo abordar un exceso de trabajo que alguna vez estuvo supeditado a una persona. Los empleados todavía *desempeñaban* sus fortalezas y habilidades, pero ahora había redundancia. Cyndi también contrató a un *comodín*, cuyo único trabajo consistía en apoyar donde la empresa lo necesitaba en determinado momento; esa persona pasó por la capacitación más profunda. El día que lo implementaron, la firma de contabilidad dio un salto gigante en su crecimiento. Volvieron a cumplir los compromisos (VENTAS) y como bonus la redundancia de personas clave se acomodó (ORDEN). Dos pájaros de un tiro.

Recuerda, después de satisfacer la necesidad más vital, repite el proceso de Un Paso a la Vez analizando la PNN de abajo hacia arriba. Cuando los contadores hicieron el análisis otra vez, descubrieron una nueva necesidad vital en el nivel de ORDEN (minimizar el esfuerzo desperdiciado) y la están arreglando mientras escribo esto.

OMEM: Cobrar

Para el siguiente escenario, supongamos que tienes un estudio fotográfico. Eres reconocida por tus retratos familiares. En promedio, los clientes pagan 2 mil 500 dólares por las sesiones, ediciones, impresiones y marcos. Es un buen negocio, salvo que la gente no paga a tiempo. O nunca. Es hora de OMEM:

1) **Objetivo:** En la actualidad sólo la mitad de tus clientes paga dentro del término de treinta días y un diez por ciento ni siquiera paga. Claro, no reciben las impresiones, pero pasaste mucho tiempo grabando o tomando fotos, editando en el estudio y ¿qué obtuviste como resultado? Nada. Quieres que el cien por ciento de los clientes pague a tiempo o no vale la pena continuar.

2) **Medición:** Es simple. Sólo harás un seguimiento: cobros. Esperas tener cero cuentas por cobrar.

3) **Evaluación:** En este momento tienes muchos clientes en proceso, así que no esperas un cambio de la noche a la mañana. Al año tienes alrededor de ciento cincuenta trabajos y casi ciento veinticinco son en temporada de vacaciones (que está a unos seis meses de distancia). Por lo tanto, harás un seguimiento mensual de los resultados y actualizarás tu objetivo por completo en nueve meses, después de la temporada de vacaciones.

4) **Modificación:** Tu esposo y tú hicieron equipo. Tú sacas las fotos, él imprime los álbumes. Te sugiere algo simple, pero aterrador: ¡solicitar el pago completo por adelantado! Eso

resolvería todo, sólo que dudas porque tus clientes se irán con la competencia, que ofrecen planes de pago. En primer lugar, ofreciste términos de treinta días para atraer nuevos clientes, pero no significa nada si no pagan. Te conocen a nivel regional como la mejor para retratos familiares, así que te muerdes la lengua y exclamas: "¡Hagámoslo!"

5) ***Resultado:*** Tus clientes no eran malos para pagar, sino para presupuestar. Después de la sesión de fotos, mientras trabajabas en la edición de las imágenes, se les acumulaban los pagos y facturas de las vacaciones. Se sentían abrumados con gastos que no tomaron en cuenta y tú eras la última en la lista (o ni siquiera aparecías). Sólo un puñado de clientes se *sorprendió* cuando solicitaste el pago completo por adelantado. Todos los demás lo hicieron porque lo pediste. El hecho de que aceptes tarjetas de crédito facilita que tus clientes paguen. Y si no pueden pagar su tarjeta de crédito, eso es problema del banco, no tuyo. Las cuentas por cobrar cayeron a cero en nueve meses porque si la gente no pagaba por adelantado, pues no aceptabas el trabajo. No es que fueras una tacaña, es que ya no querías que te arruinaran. Esta noche ¡invitarás a cenar a tu esposo!

Un Paso a la Vez en acción

Jacob Limmer es dueño de dos cafeterías boutique: Cottonwood Coffee. También tiene un tostador para café. Una vez que nos reunimos, dijo: "Odio la palabra *tostador.* Lo uso porque es rápido y fácil, pero me choca mencionarlo. También detesto que la gente quite la *s* al hablar en palabras como *pescado, vamos* y *estamos* y que digan *pe'cado, vamo'* y *etamo'* ". Con razón me cae bien este tipo, soy fan de las observaciones raras.

Revisando el nivel de VENTAS, Jacob se dio cuenta de que tenía que abordar la siguiente necesidad vital: la congruencia con el estilo de vida. Descubrió que necesitaba ganar cuatro mil dólares mensuales para lo que llamaba *la comodidad del Medio Oeste*. Podía vivir con eso sin preocuparse por la comida. No sería rico, pero no entraría en pánico por ganar un dólar más a la mañana siguiente.

Jacob confesó: "Me sentía orgulloso. Mi ego dijo que no necesitaba estar hasta abajo de la herramienta PNN. Llevo trece años en el negocio. Me resistía a la verdad que revelaba la PNN. Pensé que estaba más allá de eso. Pero romperme el lomo durante trece años y medio y ni siquiera llevarme a casa cuatro mil dólares al mes te da uno de esos momentos en los que dices: '¡A ver qué pasa!' La PNN me enfrentó ante una verdad que negué durante años. Luego pasé una tarde aclarando lo que requería para no preocuparme por la vida cotidiana. Y con eso de inmediato descubrí lo que necesitaba del negocio".

Cuando tienes claridad sobre cuánto necesitas para mantener tu estilo de vida, es muy fácil establecer objetivos de ventas. Es la primera necesidad básica que compartí contigo, porque sin ese entendimiento tu negocio es una casa construida sobre una idea vaga en lugar de una realidad dura. Dicho esto, aunque siempre empiezas en la base de la PNN y avanzas hacia arriba, no tienes que superar las necesidades básicas en secuencia *dentro* del nivel.

En el próximo capítulo compartiré el sorprendente descubrimiento que Jacob tuvo cuando pasó al nivel GANANCIAS. Me encantan los momentos de suspenso...

Capítulo 4
Crear ganancias permanentes

La mayoría de los empresarios malentiende el concepto de *ganancia*. Generar ganancias no se trata de ganar dinero para tu negocio, sino de *sacar* dinero *de* tu negocio. Así defino las ganancias: dinero en efectivo que los accionistas (el propietario o propietarios del negocio) pueden usar de la forma que quieran, siempre y cuando no afecte de manera negativa las operaciones saludables y continuas de la empresa. Si deseas usar tus ganancias y ahorrar para tu futuro o eliminar la deuda personal, está bien. También se vale gastar tus ganancias en una motocicleta y luego montar esa belleza hacia el atardecer.

Hace poco Ford me envió un cheque por trece dólares. Como soy accionista de poco menos de cien acciones, cada trimestre Ford me envía un cheque de distribución de ganancias (a mí y a todos los demás accionistas). No tomé el cheque y dije: "Ay, rayos, Ford lo necesita más que yo. Déjame devolverle el dinero para que Ford pueda crecer su negocio". Tampoco dije: "Mejor me voy a la fábrica y trabajo un poco en la línea para ganar este dinero". Lo que hice fue truequearlo por una pizza de queso grande y deliciosa. Si Ford hubiera tenido un mejor trimestre, incluso podría haberle agregado ingredientes extras.

Los inversionistas corren riesgos. El valor de las acciones puede subir o bajar. El cheque por trece dólares fue una recompensa por el riesgo que asumí como accionista en Ford. Tú también eres un accionista: en tu negocio. Seguro posees un porcentaje masivo de acciones en tu compañía: puedes ser dueño de veinte por ciento, cincuenta por ciento, incluso del cien por ciento. Las ganancias son una recompensa por el tremendo riesgo que asumiste como inversionista. Cuando aparecen las ganancias, el accionista (o sea tú) las toma. Es tu empresa agradeciéndote por correr el riesgo de iniciarla y mantenerla en funcionamiento. Y nosotros, como miembros de la economía global, te agradecemos por el extraordinario trabajo que estás haciendo para participar en ella.

Para ser claros, reinvertir las ganancias en tu negocio significa que no es una ganancia y nunca lo fue. Repite conmigo: reinvertir las ganancias significa que *no son* ganancias. Nunca lo fueron y nunca lo serán. Una reinversión de *ganancias* es un gasto. Punto.

Por ejemplo, una empresaria que me contó que ese año tuvo veintidós por ciento de ganancias, pero reinvirtió todo en el negocio. Se jactaba de las ganancias que lograba su negocio. Siendo un poco juez, rompí su burbuja.

—¿El negocio gastó esa ganancia reinvertida? —le pregunté

—¡Sí! Encontramos una manera de usar cada centavo —me dijo.

—Si gastas dinero, es un gasto. Simple. El hecho de que lo llames ganancia por un tiempo y luego sea el negocio el que lo gasta… no lo convierte en una ganancia —expliqué.

Nunca lo fue y nunca lo será.

No dejes que los términos contables te confundan. Si el negocio gasta dinero es un gasto. Y no intentes suavizar el golpe llamándolo *ganancia reinvertida*. Sólo si el efectivo se queda en el banco o se distribuye a los accionistas de una empresa es una ganancia.

Muchos dueños de negocios creen que serían rentables si pudieran aumentar sus ventas. Siguen intentando vender más y más, esperando que las ganancias aparezcan de manera mágica. No lo harán. La verdad es que las ventas no se traducen en ganancias. ¿Por qué? Porque somos humanos. Gastamos lo que tenemos. Entonces, no importa cuánto generemos, a menos que nos centremos *primero* en las ganancias, seguiremos luchando para ser rentables.

Tu negocio puede ser rentable de manera permanente a partir de tu próximo depósito bancario… siempre y cuando en vez de esperar a ver cuánto te queda después de pagar todas tus facturas, primero tomes las ganancias.[6] Cuando quitas un porcentaje establecido de cada depósito y lo transfieres a una cuenta reservada de manera específica para las ganancias, te obligas a racionalizar los gastos. El sistema completo se documenta en *La ganancia es primero*: implica la creación de varias cuentas donde transfieras de forma automática porcentajes de tus ingresos; la base es tomar tu ganancia de cada venta y obligarte a ajustar tu negocio de manera adecuada para respaldar la ganancia que ya tomaste.

Los lectores, colegas y clientes que siguieron este sistema transformaron sus negocios desde cero rentabilidad hasta sostenibilidad con capacidad de crecimiento en muy poco tiempo. Amigos míos, en eso nos enfocaremos en este nivel de GANANCIAS. *Sostenibilidad y capacidad de crecimiento.* Sin ganancias, tu empresa siempre estará estancada, tambaleando y a punto de hundirse.

Uno de los días más devastadores de mi carrera empresarial fue cuando tuve que despedir a casi la mitad de mis empleados. En dos años mi socio y yo crecimos nuestro negocio forense a tres millones de dólares en ingresos anuales. En el tercer año estábamos en una trayectoria de más del doble, pero seguíamos con problemas para pagar la nómina cada mes. Acostumbraba contratar demasiadas personas y pagarles mucho; la verdad, alimentaba mi ego al decir que teníamos treinta empleados.

La persona más difícil de enfrentar durante los despidos no fue alguien a quien realmente dejé ir (mi asistente personal, Patti Zanelli). El día que tuve que despedir gente llevé a todos a una habitación y comencé a explicar lo que estaba sucediendo. Llevaba un minuto diciendo: "Tengo que dejarlos ir…" cuando los ojos de Patti se llenaron de lágrimas. Se puso de pie y salió rápido por la puerta. En ese momento me di cuenta de que había construido una familia (una familia de negocios) en arenas movedizas. No construí los cimientos que nos soportaran y contraté un grupo de personas

---

[6] Si ya leíste *La ganancia es primero* conoces bien este concepto.

antes de apuntalar las necesidades críticas que debieron ser lo primero.

En ese momento quería culpar a la economía, a nuestra competencia o al hecho de tener un mes malo en ventas. Todo eso era cierto, pero no era la raíz del problema. El verdadero problema era mi ignorancia sobre cómo funcionaba el dinero en realidad. Desde que abrimos nuestras puertas me hice de la vista gorda y *se lo dejé a mi socio*. En realidad, tampoco fue su culpa porque yo no estaba poniendo atención.

Tuve que confesarlo. Escaneé las caras expectantes de nuestros empleados y dije: "Me equivoqué. Es un gran problema. No tenemos dinero suficiente para seguir en el negocio como estamos. Mi falta de liderazgo nos puso en esta posición. Tengo que dejar ir a la gente hoy. Discúlpenme, no es por ustedes, es por mí. Necesitamos volver a un tamaño que nos permita sobrevivir, un tamaño que podamos mantener. Si no, tendremos que cerrar".

En este punto, las lágrimas corrían por mis mejillas. Sólo me quedaba decir: "Lo siento. Lo siento mucho. Ésta es la decisión más difícil de mi vida".

Ese día dejé ir a doce personas. Pasamos de treinta empleados a dieciocho. Después llamé al resto del personal y cometí el error de novato más grande que puedes tener después de despedir a casi la mitad de tu empresa: les dije (a los que quedaban) que los necesitaba más que nunca, pero que, para conservarlos, debía bajar sus sueldos diez por ciento. Ugh. Todavía sufro cuando pienso en ese error de juicio.

Debí despedir a uno o dos más para poder mantener al equipo restante con el sueldo completo. Verás, cuando despides gente y reduces salarios, los que se quedan se asustan. Piensan que sus trabajos están en peligro. Como bajé sus sueldos *después* de hacer el recorte de personal, asumieron que no había arreglado el negocio. Éste fue su detonante para buscar en secreto un trabajo nuevo.

Tres semanas después de los despidos cerramos un contrato enorme que nos trajo un gran flujo de efectivo. De inmediato restablecí los sueldos completos con el pago atrasado, pero el daño ya estaba hecho. La gente siguió buscando y, como resultado, perdí algunas personas clave. ¿Y sabes qué? Tuvieron razón en irse porque *no había* arreglado la compañía. Sólo había cerrado una venta crucial. Necesité varios accidentes de trenes financieros para entender que requería un sistema mejor y que vender no solucionaría todos los problemas. Si hubiera dominado el nivel de GANANCIAS, muchas de las angustias que experimenté nunca habrían sucedido.

Verás, cuando dominas el nivel de GANANCIAS, traes salud fiscal a tu empresa. Reservas dinero para rentabilidad, guardas efectivo para emergencias y permaneces dentro de los límites de lo que en verdad puedes pagar. Eso incluye la nómina. En vez de contratar demasiadas personas, cuando dominé GANANCIAS supe cuánto podía gastar y contraté dentro de esos parámetros. Cuando tenía un mes o un trimestre malo, mis reservas de efectivo cubrían la nómina mientras planificaba de manera estratégica nuestra ruta para volver a la normalidad.

Las ganancias son los cimientos necesarios para cualquier negocio saludable. También es una recompensa por asumir riesgos. En 2016 el Informe de Estados Unidos del Global Entrepreneurship Monitor (GEM), publicado por Babson College, confirmó que veinticinco millones de estadounidenses tenían negocios ese año, esto significa que alrededor de 7.7 por ciento de la población de Estados Unidos es empresaria. El hecho de *ser dueño* de un negocio te coloca en el grupo de élite de los que corren riesgos. Noventa por ciento de la población nunca asumirá los desafíos que tú has vivido. Noventa por ciento de la población nunca seguirá adelante con sus ideas de negocios. Noventa por ciento de la población no tendrá el coraje de presentarse todos los días e intentar hacer algo de la nada. Eres un superhéroe y tus ganancias son una recompensa por tu coraje, por asumir riesgos y por proporcionar empleos al otro noventa por ciento de la población.

En este capítulo compartiré las cinco necesidades que tu empresa debe satisfacer para apuntalar el nivel de GANANCIAS en la PNN antes de, siquiera, concentrarse en el siguiente nivel. Quizá tu industria o negocio tiene necesidades específicas relacionadas con las GANANCIAS que no mencionaré, pero confía en el proceso y *primero* enfócate en las cinco necesidades básicas descritas abajo. Quizá te sorprenda descubrir que las otras necesidades se resuelven en el proceso. Y cuando des el primer paso vuelve a tu brújula PNN y empieza de nuevo. Siempre regresa al nivel básico, VENTAS, y de ahí avanza hacia arriba.

Necesidad 1: Erradicación de la deuda

Pregunta: ¿eliminas tus deudas en vez de acumular más?

Antes de implementar el proceso de tomar mi ganancia primero, estaba ahogado en deudas. Recuerdo que un día iba manejando a casa después de una reunión y escuchaba el radio. De pronto un anuncio atrajo mi atención. El locutor dijo: "El estadounidense promedio tiene una deuda personal de siete mil dólares". Recuerdo repetir en mi cabeza, *quiero ser promedio. Quiero ser promedio.*

Había construido y vendido dos compañías multimillonarias, y en tres años perdí cada peso ganado debido a mi ego y arrogancia. Había decidido que era un prodigio de los negocios y que sería el mejor inversionista ángel de todos los tiempos. En vez de eso, terminé endeudado y, al final, lo perdí todo.

En el momento en que escuché el comercial tenía alrededor de 75 mil dólares en deudas de tarjetas de crédito y le debía 35 mil dólares a un amigo. También solicité un préstamo de 250 mil dólares y no podía hacer los pagos mínimos. A principios de esa semana otro amigo me firmó un cheque por tres mil dólares para ayudarme a cubrir el alquiler y la compra de alimentos para los próximos meses. Todos los días recibía llamadas y cartas de compañías que *solucionan problemas de deudas*. Lo sé, suenan como la mafia. Y como vivo en Nueva Jersey, es bastante probable que lo fueran…

De hecho, ahora que lo pienso, un solucionador prometió que me condonarían la deuda, dijo algo así: "Si nos contrata ya no tendrá que preocuparse por un billetico". Estoy *seguro* de que era la otra mafia.

Tras confesar mis fracasos a la familia, Adayla, mi hija de nueve años, ofreció su alcancía para ayudarme. Nunca había estado más abajo (financiera o emocionalmente) y esto me obligó a analizar con profundidad mis elecciones y racionalizaciones.

Al principio del capítulo te felicité por correr riesgos y tener el coraje de empezar tu negocio. Pero ese mismo impulso interior también nos puede dar problemas. Nos decimos que podremos *cambiar las cosas* con la próxima gran venta, el siguiente trimestre o el próximo año y justificamos la acumulación de deudas. Ya sea por ego o por una visión de la vida esperanzada y positiva, tendemos a acumular deudas personales y comerciales previendo que algo se hará realidad.

Cuando un negocio requiere acumular deuda para cubrir sus gastos experimenta un flujo de caja *al revés*, esto le acorta la capacidad de mantenerse. Recuerda esta simple regla: *cuando no puedes pagar tus facturas, no puedes pagarlas.* Punto. Si no eres capaz de cubrir tus gastos sin endeudarte, no cubrirás tus necesidades básicas de nivel de GANANCIAS.

Si esto aplica en tu negocio, debes hacer dos cosas:

1) Reducir costos.
2) Aumentar márgenes.

El primer paso para reducir costos es: no contraer deudas nuevas.

Para hacerlo, analiza tus gastos actuales en el negocio y la vida diaria (¿cuánto necesitan los dueños para sobrevivir con el mínimo? Sé honesto, no se vale decir: "Necesito conservar mi Tesla"). Luego usa un enfoque tipo *arranca la curita* para reducir de inmediato todos los costos al mínimo posible.

Una regla de oro, simple pero efectiva, es determinar cuál es tu gasto mensual y reducirlo diez por ciento. Después trata de reducir de forma permanente ese costo de tu negocio para que en el siguiente mes tengas un ahorro continuo de diez por ciento. Luego repite el proceso completo: saca el nuevo gasto mensual y réstale el diez por ciento. Un negocio sólo puede reducir todos los costos que no le causen un daño irreparable. Al mismo tiempo, mantener los costos que la empresa no puede permitirse provoca el peor daño al negocio (y a los dueños con sus garantías personales). Corta la grasa, no el músculo.

Reducir los costos sería fácil y rápido si no fuera por nuestra naturaleza humana. Justificamos gastos y nos aferramos a las cosas que ya poseemos. Recuerdo a un empresario (permanecerá anónimo) que me pidió pasar un día con él, en su oficina de California, para ayudarlo a descubrir por qué su negocio de distribución multimillonaria tenía dificultades financieras. Cuando llegué me recogió en el aeropuerto con su nuevo Audi R8. Si no sabes qué es eso, 185 mil dólares te lo pueden explicar.

Desde que puse un pie en tierra le mostré el primer ajuste que pondría al negocio en el camino correcto: deshacerse de ese auto. Más tarde ese mismo día, al profundizar en el negocio me di cuenta de que había docenas de otros tipos de oportunidades R8. Fue selectivamente ciego ante todas porque no se puede ver el negocio desde afuera cuando se está adentro. También te beneficiaría contratar los servicios de un asesor que vea lo que tú no puedes.[7]

Como dije, una vez tuve la costumbre de contratar a demasiadas personas con salarios demasiado altos. Con el tiempo desarrollé una estrategia para determinar si podía permitirme contratar a un empleado mucho antes de publicar la vacante de trabajo. Primero determiné el tipo de sueldo que le pagaría. Luego establecí una cuenta nueva llamada EMPLEADOS FUTUROS y comencé a asignar dinero *como si* ya los hubiera contratado. Usando este método, pude ver si tenía

---

[7] Te sugiero que trabajes con un asesor de negocios versado en el método Un Paso a la Vez para identificar tus desafíos. Si quieres encontrar un asesor certificado de Un Paso a la Vez, visita la página FixThisNext.com (disponible sólo en inglés).

el flujo de efectivo para mantener ese puesto. Incluso los *rainmakers* no siempre cierran ventas en el primer mes. Entonces, para la mayoría de los negocios, sugiero que la cuenta de EMPLEADOS FUTUROS tenga unos seis meses de reserva antes de realizar la contratación. De esa manera no sólo sabes que puedes administrar el gasto mensual, también tienes seis meses de reserva para gestionarlo, en caso de que tome un poco más de tiempo tener al empleado listo.

Cuando erradicar la deuda es tu enfoque principal, a veces hay que reducir tu ganancia para hacer que el negocio sea sostenible. Eso es difícil para la mayoría. Es decir, tenemos una vida que vivir y merecemos *algunas ventajas*. Pero justo esa mentalidad de tomar ganancias cuando la empresa no puede permitírselo nos mantiene endeudados. Ajusta el negocio (y tu estilo de vida) para que no incurras en nuevas deudas y puedas acumular fondos para pagar las pasadas.

Luego implementa dos cuentas en tu negocio, una para el pago de deudas y otra para las ganancias. Asigna un porcentaje predeterminado a cada una. La regla de oro es tomar noventa y cinco por ciento de las ganancias del trimestre para pagar la deuda y conservar cinco por ciento para recompensarte. Recuerda, eres un accionista: para mantenerte involucrado de manera positiva en tu inversión (negocio), siempre debes obtener algo.[8] Ese cinco por ciento ayudará a quitarte la *tentación* por ahora. Toma en cuenta que la deuda es un gasto pasado que no se pagó, así que su pago en realidad es un gasto. Y la única forma de pagar esos gastos es tener más dinero disponible de lo que gastas en la actualidad.

Para pagar más de siete millones en deudas personales y comerciales usé el proceso *bola de nieve de la deuda* de Dave Ramsey. En pocas palabras, recomienda pagar el mínimo de todas las deudas y

---

[8] La prioridad de una empresa con deuda es erradicar esa deuda. Pero también debes recompensar a la persona o personas que se han arriesgado a ser dueñas del negocio. Entonces, mientras se paga la deuda, una pequeña porción de las ganancias todavía va al accionista. Cuando se elimina toda la deuda, todas las ganancias van al accionista. Si no has leído *La ganancia es primero*, los porcentajes sugeridos están disponibles de forma gratuita en ProfitFirstBook.com (disponible sólo en inglés).

con cada peso restante liquidar primero el préstamo más pequeño, lo cual te permite eliminarlo más rápido. Aunque es lógico enfocarte en tasas de interés más altas, obtener triunfos rápidos al enfocarte en pequeñas cantidades de deuda genera confianza. Si lo razonas, puede que no sea la mejor manera de eliminar la deuda, pero desde el aspecto humano y conductual, los primeros triunfos al eliminar la pequeña deuda generan un impulso que se vuelve imparable.

Pasé de ser un inversionista ángel (ni-siquiera-cerca-de-ser-rudo) a un verdadero triturador de deudas... y me gustó cada segundo. Me emocionaba cada vez que pagaba lo que debía y esa emoción era mayor que cualquier cosa que ganara al gastar dinero. Al principio este proceso es lento, pero debe ser consistente. Debes construir el músculo *aplastadeuda*. No pares hasta que la deuda se haya ido. Seguí el sistema de Dave Ramsey y las estrategias que detallé en *La ganancia es primero* para eliminar todas mis deudas en siete años. Al principio pagué poco y luego más a medida que crecía mi negocio. Pero todos los días bajaba la deuda. Y cada trimestre, con mis distribuciones de ganancias, la aplastaba y celebraba con el cinco por ciento.

Hoy no tengo deudas, salvo mi hipoteca. Al momento de escribir esto sólo llevamos dos años en nuestra nueva casa y ya estoy trabajando para eliminar esa deuda una década antes de los términos de la hipoteca de treinta años. Aunque tiene sentido lógico invertir más dinero en cuentas de ahorro e inversión, la sensación de tener algo libre y claro hace que tu mente se sienta libre y clara. Cuando no tienes deudas, ya lograste una gran parte de la libertad financiera. No te preocupas por deberle nada a los demás. Y eso es un gran motivador, camarada.

OMEM: Erradicación de la deuda

Supongamos que comprar, remodelar y vender casas ha sido tu sueño desde que viste el primer episodio de *Fixer Upper* con Joanna y Chip Gaines en HGTV. Hay miles de tratos que hacer; sólo necesitas capital semilla. La cuestión es: no te *queda* nada de dinero. Tu negocio vive de préstamos y el análisis UPV identificó que tu necesidad vital es erradicar la deuda.

He aquí cómo aplicas el plan OMEM:

1) **Objetivo:** La deuda no es mala si genera ganancias. La deuda es mala cuando estás en deuda con ella. Decides que con el tiempo eliminarás tus préstamos y te convertirás en tu propio banco. Siempre tendrás al menos el veinte por ciento del precio promedio de una casa en tu área, en efectivo, en tu banco. Con esto puedes moverte sin engancharte o ahorcarte durante las compras. En la actualidad tienes cero por ciento en efectivo y 100 mil dólares en deudas. Para eliminarlas usarás cinco por ciento del precio de venta. En promedio, vendes casas de 300 mil dólares, lo que significa que mil 500 se irán a la deuda cada vez. En tu séptima casa planeas erradicar la deuda. Por ahora vivirás con una mano adelante y otra atrás... Pero eso está a punto de cambiar.

2) **Medición:** Estableces una cuenta utilizando la metodología Profit First y la etiqueta FLIP FUNDS. La casa promedio que compras es de doscientos mil dólares y las reparaciones suelen ser de cuarenta mil, así que te comprometes a juntar cuarenta y ocho mil en esa cuenta dentro de los próximos doce meses.

3) **Evaluación:** El dinero no es un flujo constante para ti. Viene (y va) en maremotos. Cuando vendes una casa, el dinero viene. Cuando compras y renuevas una casa, el dinero se va. Por lo tanto, estableces un *informe* y una *evaluación* después de cada transacción de bienes raíces, más o menos una vez cada dos o tres meses.

4) **Modificación:** Si bien tienes contratistas, estás solo en el negocio, por lo que no tienes un equipo que te brinde orientación práctica a medida que construyes tu provisión de efectivo. Te pones creativo y colocas cien piedras en la mesa

de conferencias, a cada una le escribes mil dólares. Tras cada casa vendida, quitas las piedras que representan cuánta deuda pagaste. Cuando todas las rocas desaparecen, también la carga de la deuda. ¡Fantástica imagen de mesa vacía! Para abordar la parte de *conviértete en tu propio banco*, pones un gran pizarrón en tu oficina y le escribes "veinte por ciento", indicando el dinero que asignarás a tu cuenta de FLIP FUNDS. Abajo, después de cada transacción, pones una marca del saldo actual de dicha cuenta.

5) **Resultado:** Durante el siguiente año vendiste varias propiedades y asignaste más de doscientos mil a la cuenta FLIP FUNDS. El siguiente trato bueno que cerraste fue una casa de ciento setenta y cinco mil que podrás vender en doscientos cincuenta mil en cuatro semanas. Tenías el efectivo para dejar el veinte por ciento. Felicidades. Incluso podrías dejar el cien por ciento y aún tener 25 mil dólares para las reparaciones. Seguro vendrán más buenas ofertas y podrás aprovecharlas si se ajustan bien a tu empresa. ¿La mejor parte? No hay rocas en la sala de conferencias.

Necesidad 2: Márgenes saludables

Pregunta: ¿tienes márgenes de ganancias saludables dentro de tus ofertas y todo el tiempo buscas formas de mejorarlos?

Tus clientes quieren que seas rentable. Es decir, de verdad quieren que acumules fajos de dinero en efectivo. Claro, nunca te dirán: "Oye, quiero que me exprimas cada centavo" o "por favor, por favor, por favor, estáfame". Pero *sí quieren* estar seguros de que andarás por aquí durante un largo tiempo. Desean que respaldes tu oferta, de modo que, si tienen un problema en dos semanas, dos años, incluso dos décadas, estarás allí para resolverlo. Quieren que les sirvas sin distracciones o preocupaciones sobre cómo vas a sobrevivir mañana.

Quieren toda tu atención. La única forma de asegurar que tu negocio estará allí para apoyarlos y tener tu cabeza en el juego es... que siempre seas rentable.

En mis primeros días de emprendimiento tenía miedo de subir mis precios. Creía, como muchos dueños de negocios, que si aumentaba los precios perdería clientes. Aun así, cada vez que me amarraba mis cositas y aumentaba los precios al nivel que necesitaba para mantener la empresa, me impresionaba la cantidad de clientes que se quedaban y cuántos clientes *buenos* nos buscaban.

Si ya leíste alguno de mis libros anteriores, estás familiarizado con el nombre de Paul Scheiter y su compañía, Hedgehog Leatherworks, que crea y vende fundas de cuchillos artesanales. Paul es un tipo muy deliberado y conservador. Cuando se arriesga, lo considera y planifica con tanto cuidado que termina sin ser un gran riesgo. Por eso, cuando nos conocimos, pensé que era extraño que Paul vendiera sus fundas en 75 dólares. Eran obras de arte. Se llevaba 25 en materiales y cinco horas de Paul, como mínimo. En un buen día significaba ganar 100 dólares por hora (y eso antes de tener en cuenta los costos de compra y reparación de equipos, alquiler y servicios públicos, ayuda de medio tiempo e imprevistos). Pero Paul no veía eso. Creía que ganaba 50 por cada funda vendida, porque basaba sus costos sólo en materiales.

Cuando volé a St. Louis, Missouri, para reunirme con él y el directorio de su compañía (que resultó ser su madre y su padrastro), le dije la fría y dura verdad. "Necesitamos aumentar el precio cuatro veces por materias primas y tiempo de producción. Lo subiremos de $75 a $349 por funda." Si quieres ser rentable, cuatro veces es un sobreprecio típico desde la fabricación hasta el estante, en especial para artículos de lujo.

¡Santos cuchillos! Hubieras visto sus caras (en especial la de Paul). Estaba aterrorizado y seguro de que aumentar los precios cuatrocientos por ciento causaría la rebelión de sus clientes leales. Entonces le expliqué mi lógica. Tienes el costo de 25 dólares en materiales. Luego, mano de obra: 10 por hora para alguien que haga el trabajo, multiplicado por seis horas (ya que un trabajador normal seguro no podría alcanzar la velocidad de Paul). Esto genera costos de hasta 85 dólares. Multiplicado por cuatro nos da 340. Como los consumidores ven 340, 341, 345 ó 359 dólares casi igual, opté por el monto más alto para que puedas maximizar tus ganancias.

"Si no subes el precio —expliqué—, cerrarás tu negocio y tendrás toneladas de deudas. La mayoría de las personas ni siquiera se darán cuenta de que aumentaste los precios. Algunos incluso dirán: '¿Por qué tardaste tanto?' Y los clientes que se molesten es porque sólo buscan la opción barata. ¿De verdad quieres esos compradores de descuentos?"

Aunque tenía serias inquietudes, Paul siguió mi consejo. Entonces sucedió: la primera compra de funda a 349 dólares sin quejas. Ningún mensaje preguntaba: "¿Por qué subiste los precios?" Nada. De hecho, desde ese día la demanda de fundas Hedgehog Leatherworks se cuadruplicó. Al parecer la gente juzgaba la calidad y el valor del producto de Paul en función de su precio, y asumió que sus fundas eran de menor calidad. Cuando costaban 75 dólares sólo eran otra mercancía. Al cobrar lo que *de verdad valía* la funda, la gente vio *su valor real* y compró más. Este simple cambio colocó a Hedgehog Leatherworks en una posición de rentabilidad permanente.

En Profit First Professionals hemos trabajado con más de ochocientos contadores. En casi todos los casos les pedimos que aumenten el precio de sus servicios y siguen recibiendo tantos o más clientes que antes. Ahora no sólo atraen mejores prospectos, sino que sus clientes existentes se convirtieron en mejores clientes. Verás, cuando un cliente invierte más dinero en tu oferta, se vuelve más interesado en el resultado. Cuanto más pagan, más trabajan para lograr un resultado exitoso. No estoy sugiriendo que estafes a tus clientes. Sólo sugiero que factures lo justo tanto para tu cliente como para ti.

OMEM: Márgenes saludables

Hoy en día los focos LED están de moda. Para este ejemplo, decidiste entrar en el negocio de las luces *cool* como minorista. Sólo hay un problema: los márgenes de ganancia son nefastos. Después de hacer el análisis Un Paso a la Vez, encuentras la necesidad vital en la PNN. Con la necesidad vital descubierta, es hora de OMEM:

1) ***Objetivo:*** Aumentar los márgenes en tus luces LED para poder respaldar una ganancia en efectivo del veinte por ciento en toda la empresa. (Un gran salto desde el porcentaje actual, que es cero.) Generas una ganancia neta de diecisiete por ciento por luz LED vendida y el negocio se mantiene a flote.

2) ***Medición:*** Los cálculos muestran que debes duplicar los márgenes de tus productos para obtener una ganancia neta de treinta y cinco por ciento en cada LED, en lugar de diecisiete por ciento. Con eso es probable que puedas lograr un veinte por ciento de balance final para la empresa.

3) ***Evaluación:*** Tienes un buen volumen de ventas y los datos son ideales para una revisión semanal. Tras tu primera semana, observas que la mayor parte del margen está en los productos especiales y que algunos productos estándar en realidad están perdiendo dinero. Mantienes la evaluación semanal y en un par de meses notas que tus mayores márgenes se pueden lograr mediante la venta de productos especializados. Tienes un volumen de ventas suficiente para informar este número todos los días.

4) ***Modificación:*** El equipo está súper de acuerdo, se puso la camiseta de tu objetivo de margen de ganancia y creó un exhibidor de productos especializados al frente de la tienda en un esfuerzo por aumentar las ventas de esos artículos. Empiezas cada reunión diciendo un número en voz alta. Luego te detienes unos segundos antes de que la reunión continúe. Ese número, todo el mundo lo sabe, es el margen de ganancia promedio del día

anterior. Durante los últimos dos meses han sido diecisiete o dieciocho cada mañana. Pero luego, con el consejo del equipo, llega el primer día que dices: "Veintitrés". ¡El equipo se vuelve loco!

5) ***Resultado:*** Todo tu equipo lee *Por qué compramos* de Paco Underhill. Con los conocimientos adquiridos implementan nuevas estrategias. Los márgenes alcanzan treinta y uno por ciento sólo con cambiar el diseño de la tienda. El siguiente paso es comenzar a eliminar algunos de los LED que no generan. Confías en que vas a volar por la ganancia neta del treinta y cinco por ciento. Tu balance superó el veinte por ciento y todavía no terminas. El futuro se ve súper brillante. Bueno, después de todo vendes productos de iluminación LED especiales.

Necesidad 3: Frecuencia de transacción

Pregunta: por lo general, ¿tus clientes prefieren comprar contigo que con otras alternativas?

"Hago todo por todos."
"Lo que sea que necesites, podemos hacerlo."
"Mi nicho son todos."

La mayoría de los empresarios intenta profundizar y ampliar sus ofertas. Quieren ser todo para los clientes que ganaron con esfuerzo y ven cada producto o servicio *complementario* como una oportunidad de ganar más dinero. ¿El problema? Es imposible dominar todo porque no puedes asignar suficientes recursos (o el más adecuado) a todas tus ofertas. Aunque en teoría es posible optimizar tu complejo negocio, es un proceso muy costoso tanto en tiempo como en dinero. La solución más eficiente es reducir la cantidad de ofertas y apuntar a un nicho de cliente específico, ya que una gran cantidad de ofertas entregadas a una enorme variedad de clientes resulta en una demanda exponencial de tus recursos.

En mis libros *El gran plan* y *El sistema Clockwork* hablo acerca de encontrar el *punto óptimo* de tu empresa, ese lugar donde las necesidades de tu cliente ideal se juntan con las capacidades y eficiencias únicas de tu empresa. Cuando estás bien enfocado en ese punto óptimo, descubrirás que tus gastos de tiempo y dinero disminuyen de manera considerable. Y algo extra: tus clientes estarán más felices.

Dar una conferencia sobre cómo conseguir más clientes en un evento de la NFDA es muy extraño. ¿Por qué? Porque la NFDA significa Asociación Nacional de Directores Funerarios (por sus siglas en inglés). Pero bueno, ahí estaba yo, en el estadio de los Yankees (de verdad), frente a un grupo de directores de funerarias (en serio) y mi trabajo consistía en explicar la frecuencia de transacción (lo juro): cómo hacer que el cliente compre con más frecuencia. Ya sé, ya sé… cuando alguien necesita los servicios de una funeraria es una especie de concierto único. Pero incluso en esta industria hay muchas formas de aumentar la frecuencia de transacción. La primera es lograr que el mismo cliente te compre varias veces. Seguro funciona para ti, pero ¿para las funerarias? No tanto. La segunda es ofrecer servicios y productos complementarios sin diluir tu oferta. Y la tercera es hacer las dos cosas. Con los directores de funerarias usé la opción dos. Ataúdes, flores, café, papelería, servicios mejorados… todas son opciones. Una funeraria fue más a fondo y se asoció con un pintor de retratos para hacer memoriales pintados (y se lució).

La lección de la frecuencia de transacción es buscar formas de hacer más negocios con tus clientes, sin comprometer ni diluir la calidad del trabajo. En otras palabras, conseguir más ventas sin matar a tus clientes. (Lo siento, tenía que decirlo.)

OMEM: Frecuencia de transacción

En este ejemplo tu negocio de arquitecto paisajista tiene la necesidad vital de frecuencia de transacción. Los clientes te aman y adoran tu trabajo. Sólo hay un problema: las plantas viven y crecen sin ti.

¿Cómo obtener más trabajo sin diversificar demasiado tu oferta (que puede ser el camino de jabalíes hacia un negocio disperso), mientras mantienes una reputación de excelencia?

1) *Objetivo:* Aumentar cincuenta por ciento las transacciones anuales de los clientes existentes. En la actualidad veinte por ciento de tus clientes te contrata al año siguiente para ampliar tu trabajo. Quieres aumentar eso cincuenta por ciento para que treinta por ciento de tus clientes te compren el próximo año.

2) *Medición:* Le pides a tu contador que haga un informe simple en tu sistema donde muestre cuántos clientes son compradores habituales. Al final del reporte se pone el resumen en porcentaje. Deseas aumentar cincuenta por ciento el número de compradores repetidos en un año, a partir de hoy.

3) *Evaluación:* Determinas que una revisión mensual es un buen ritmo.

4) *Modificación:* Organizas una reunión mensual de pizza con tu equipo para generar ideas. Alguien sugiere servicios de mantenimiento, ya que muchos clientes no riegan ni quitan las malas hierbas. El desafío con dicha solución es que no hay margen en ese tipo de trabajo, más toneladas de competencia con los paisajistas... y puedes entrar al camino de jabalíes de demasiada diversificación. Entonces alguien en el equipo sugiere establecer un programa de garantía que proteja al propietario por si las plantas mueren o el clima impredecible destruye el jardín que diseñaste.

5) *Resultado:* Algunos de los mejores márgenes del mundo están en los programas de garantía. ¡Lo haces y vale la pena! Casi veinticinco por ciento de los nuevos clientes se inscriben en el programa de garantía anual que implementaste (con su renovación automática). Los clientes te pagan la garantía año tras año, lo que aumenta los ingresos y te brinda la oportunidad de volver a conectarte y compartir ideas adicionales de

servicio de diseño de paisaje. Guardas una parte de las garantías en una cuenta bancaria configurada como SERVICIO DE GARANTÍA, y así, cuando ocurre un problema con el jardín de algún propietario, tienes el efectivo disponible para cumplir con la garantía. Y algo más importante: lograste el objetivo que te fijaste. ¡Bien hecho!

Necesidad 4: Apalancamiento positivo

Pregunta: cuando te endeudas ¿es para generar una rentabilidad mayor y predecible?

Algunos negocios incurren en deudas durante la etapa de inicio o crecimiento al expandir la capacidad antes de la demanda. Aunque es una forma común y efectiva de crecer, muchas empresas no hacen proyecciones adecuadas sobre el tiempo que les llevará obtener ganancias por su inversión. Y aún menos establecer *cortes* para dejar de incurrir en deudas o expansiones si sus proyecciones no funcionan.

La deuda puede ser una herramienta valiosa cuando se usa para ampliar oportunidades claras de ganancias. Si hay una garantía de que endeudarse generará más ganancias en un periodo de tiempo bien definido, estás en condiciones de aprovechar la deuda. Pero la mayoría de los negocios no la aprovecha (aunque usan el término), sino que están anclados por ella. Si la deuda se usa para ejecutar las operaciones comerciales o para cubrir el costo de los bienes vendidos, es probable que sea un indicador de un ancla de deuda.

Anthony Sicari Jr. es dueño de un negocio que sabe cómo aprovechar la deuda. Su compañía, la New York State Solar Farm (NYSSF) es la licencia de SunPower en el estado de Nueva York. Estas compañías son proveedoras de paneles solares (si leíste mi libro *El Gran Plan*, seguro recuerdas la historia). Como parte del acuerdo, la NYSSF compra en lotes de al menos ochenta paneles, es decir 75 mil dólares. En promedio, cada instalación en el hogar requiere unos veinticinco paneles, algunas casas sólo necesitan quince y otras hasta treinta y cinco. Esto significa que la NYSSF necesita de tres a cuatro instalaciones para pasar por uno de los lotes de SunPower.

Algunas compañías se endeudarían para cubrir el costo inicial de 75 mil dólares. Anthony no. Estableció términos con el proveedor para que su compañía pague alrededor de 25 mil cada semana, en lugar del monto total en el recibo. Esto le da tiempo para recibir los paneles, instalarlos y cobrar el pago completo por la instalación antes de que la deuda sea grande. Esta simple negociación puso a la NYSSF en el lado positivo del flujo de caja, significa que obtiene dinero antes de que salga.

Anthony dio un paso más allá… Un paso muy inteligente más allá. Usando el método Profit First, estableció una cuenta bancaria llamada INVENTARIO. Cada vez que cobra el pago de un cliente, una parte de ese depósito va a la cuenta de INVENTARIO. Después Anthony entrega a SunPower el pago semanal de 25 mil dólares desde esa cuenta. Cuando hablamos tenía 40 mil en ella, es decir, ¡estaba más allá del juego! Incluso si tuviera un problema de cobranza, no sería un conflicto de pago que con el tiempo se volvería una deuda. Y si llega un pedido grande y necesita cien paneles, no hay problema.

Un buen apalancamiento de la deuda es cuando un dólar prestado resulta en un retorno predecible de un dólar-más-algo de forma rápida. En el caso de Anthony, el prestamista es el proveedor, y sí, gana más de un peso a cambio de cada peso prestado.

OMEM: Apalancamiento positivo

Para este ejemplo, digamos que vendes carteles y viniles para la decoración del hogar en una plataforma de internet. Los más vendidos son esos que dicen: "Was today really necessary?"; "Primero, mi café", y el más popular "Keep Calm and…" Las frases tienen que ver con las tendencias. Cuando llega una nueva debes estar listo para saltar sobre ella. La necesidad vital que identificaste es la capacidad de aprovechar la deuda para obtener grandes ganancias:

1) **Objetivo:** Aprovechar los nuevos diseños de letreros cuando detectes una nueva moda o cartel que empiece una tendencia. Por experiencias pasadas sabes que el gasto fuerte no es crear letreros, sino la publicidad. Cuando un cartel pega, quieres fondos para gastar en Facebook. Un anuncio de 25 mil dólares fácil podría generar 500 mil en ventas. La cosa es que necesitas los 25 mil.

2) **Medición:** Antes de gastar mucho dinero en publicidad te aseguras de que haya una probabilidad súper alta de que cada dólar que gastes aumente tus ganancias. Corres una prueba con un cartel popular para ver los resultados. Primero gastas 100 dólares en publicidad y mides los resultados. Luego pruebas con 500. En efecto, la publicidad funciona, pero los márgenes buenos de ganancia sólo están en letreros únicos. Esa investigación te da confianza, así que aplicas para una línea de crédito de 25 mil dólares y te sientas a esperar.

3) **Evaluación:** No hay nada que hacer por ahora, salvo esperar que se presente la oportunidad correcta y, cuando lo haga, evaluarla todos los días.

4) **Modificación:** Pones un letrero sobre tu escritorio que dice: "Necesito un letrero que nadie más tenga".

5) **Resultado:** ¡Gracias, Snoop Dogg! Mientras miras videos motivacionales en YouTube, escuchas el discurso que dio Snoop Dogg cuando recibió la estrella de Hollywood. Dice: "Por último, pero no menos importante, quiero agradecerme. Quiero agradecerme por creer en mí. Quiero agradecerme por hacer todo este duro trabajo". ¡Eso es! ¡Ésa es tu gran idea! Creas la serie de letreros "Quiero agradecerme…" para oficinas, gimnasios, hogares. Corres un anuncio de prueba por unos cientos de dólares y el cartel se agota. Como la competencia se acelera, debes moverte muy rápido antes de que

aparezca una copia de tu letrero. Entonces uno de tus empleados modifica tu evaluación: no medir los resultados por día, sino por hora. El tiempo es dinero. Usas los mismos parámetros OMEM con el ajuste de verificar cada hora, y realizas otra prueba de anuncios por mil dólares. ¡Oro! Obtienes el mejor rendimiento de una inversión publicitaria. Al final del día tienes la producción lista y una contingencia para órdenes pendientes. Aprovechas la deuda total de 25 mil. Tu letrero se mueve más rápido de lo que puedes decir Snoop Doggy Dogg y te llueven las ganancias.

Necesidad 5: Reservas de efectivo

Pregunta: ¿el negocio tiene suficientes reservas de dinero en efectivo para cubrir todos los gastos durante tres meses o más?

La gente desesperada hace cosas desesperadas. Y seguro *no quieres* estar en esa posición. El dinero en efectivo te ayudará a evitarlo y, en términos generales, entre más efectivo tengas, más lo evitarás. Una reserva de dinero adecuada te permite navegar circunstancias imprevistas con confianza. Para que las operaciones comerciales sigan sin parar o para aprovechar una oportunidad inesperada, tu negocio necesita entre dos y seis veces el ingreso mensual promedio guardado en una cuenta llamada CAJA FUERTE.

He aquí cómo pude aprovechar una oportunidad que surgió hace tiempo. Hice una cuenta CAJA FUERTE para Profit First Professionals y mis esfuerzos de autoría. Por casualidad buscábamos un espacio de oficinas más grande para expandirnos y vimos el valor de poseer una propiedad en vez de seguir rentando. Cuando un edificio en la ciudad salió a la venta, estábamos listos y pudimos pagarlo en efectivo. Las reservas de dinero te permiten aprovechar oportunidades cuando tu competencia no puede. Sin mencionar que el efectivo en tu negocio también aumenta su valor.

Cuando un comprador potencial considera adquirir tu negocio, el (indiscutible) factor número uno en la viabilidad de tu empresa es la cantidad de efectivo que acumulaste y retuviste. El dinero en el banco, generado por las operaciones en curso, es difícil de disputar. Con tu CAJA FUERTE reservada, tu capital en efectivo y tu valuación aumentan.

Las reservas de efectivo saludables también brindan estabilidad en la toma de decisiones, lo que te permite concentrarte en los problemas impactantes en vez de apresurarte siempre a los problemas aparentes. Pero al mismo tiempo, como el dinero extra suaviza el golpe de los errores y la mala gestión, también puede facilitar que continúen las malas decisiones. Dado que el efectivo es un arma de doble filo, debes guardarlo de manera que nadie tenga fácil acceso (en especial tú), es decir, que sólo esté disponible para mitigar riesgos y aprovechar oportunidades. Un ejemplo de cómo hacerlo es requerir firmas mancomunadas en los cheques y que la segunda persona sea un tercero confiable separado del negocio de forma emocional. O sólo hacer que sea un fastidio sacar el dinero. Escoge un banco independiente que esté lejos y desactiva la banca en línea.

OMEM: Reservas de efectivo

Digamos que estás en cualquier negocio que se te ocurra. Elige tu propia aventura. ¿Recuerdas esos libros? Llamaremos a tu empresa… ABC, S. A. de C. V. Ya conoces la regla de oro de las reservas de efectivo, ¿verdad? Debes tener un mínimo de tres meses de reservas de efectivo para gastos operativos (pero no los tienes). ¿Ya identificaste tu necesidad vital? *¡Check!* Es hora de OMEM.

1) **Objetivo:** Reunir tres meses de gastos operativos ahorrados en reservas de efectivo. Tienes un negocio multimillonario y necesitas 100 mil dólares al mes para gastos operativos, es

decir 300 mil en tu cuenta CAJA FUERTE.[9] Lo estás haciendo bastante bien y llevas 150 mil ahorrados hasta el momento, pero necesitas duplicarlo.

2) **Medición:** 300 mil en seis meses.

3) **Evaluación:** Verificarás el progreso del saldo los días 10 y 25 de cada mes. Asignaste el cinco por ciento de tus INGRESOS (los depósitos en efectivo) a la CAJA FUERTE en esos días (si puedes pagarlo), permitiéndote sólo un mes malo por cada seis.

4) **Modificación:** Hablas con tus contadores. Están de acuerdo con el cinco por ciento; te muestran algunas formas de reducir los gastos operativos actuales y cómo asignar el dinero a tu CAJA FUERTE. Tu contador te apoya y hace las transferencias.

5) **Resultado:** Las cosas no siempre salen según lo planeado. No tuviste un mes malo... tuviste cinco. La demanda del cliente cambió de forma inesperada. Lo bueno fue que asignaste el cinco por ciento neto a tu CAJA FUERTE. Esto les dio un extra a los 150 mil que ya habías ahorrado. Pero ahora necesitas sacar de la CAJA FUERTE para cubrir otras necesidades. Además, estás reduciendo los gastos y ajustándote a una contribución del dos por ciento a medida que reestableces tu negocio. La cuenta CAJA FUERTE te dio la capacidad de tener un aterrizaje suave mientras tus competidores se estrellan de izquierda a derecha. Tuviste un poco de suerte en este viaje y ahora eres muy consciente de la necesidad de tener efectivo siempre listo.

---

[9] En *La ganancia es primero* encontrarás una explicación completa de la cuenta CAJA FUERTE y otras cuentas especializadas.

Un Paso a la Vez en acción

¿Recuerda a Jacob Limmer, el dueño de Cottonwood Coffee del capítulo 3? Descubrió que había pasado trece años en el negocio y no tenía una idea realista de cuánto efectivo necesitaba para mantener su estilo de vida (por eso no tenía dinero suficiente para mantenerlo).

Una vez que hayas solucionado el problema correcto, empieza de nuevo el proceso y revisa la PNN de abajo hacia arriba. Como Jacob no tenía otra necesidad básica sin palomita en el nivel de VENTAS, avanzó al nivel de GANANCIAS. De inmediato se dio cuenta de que tenía una necesidad vital no resuelta: la erradicación de la deuda. Me dijo: "Cuando pienso en nuestra deuda me siento como Hans Brinker, el niño holandés que trata de tapar la presa con un dedo". Creo que muchos nos sentimos así cuando nos estamos ahogando en deudas. Nos preguntamos si algo hará la diferencia, porque el problema parece demasiado grande (no lo es).

Tras identificar su necesidad vital, Jacob implementó los principios de Profit First y el proceso de congelación/bola de nieve de la deuda. Empezó a liquidar deudas. Primero las pequeñas y luego las grandes. Cada deuda cancelada reforzaba su confianza y lo animaba a esforzarse más. Ahora borrar su deuda es un proceso automático.

Jacob me dijo: "Antes de pagar, la deuda era una cascada de pequeños compromisos morales. Debía decidir a quién le pagaría a tiempo y qué cheques tendría que *olvidar firmar* para comprarme unos días más. Nunca quise ser ese tipo, pero lo era". Ahora paga cada factura a tiempo. "Tengo una sensación de integridad completa otra vez."

Jacob también me contó cómo trabajó con el análisis Un Paso a la Vez. "Antes de usar la herramienta quería avanzar, saltar más adelante. Ignoraba todo el trabajo básico. Vivía en la tierra del engaño del día siguiente, el próximo peso. Así que usaba la herramienta y volvía a caer en el mismo lugar una y otra vez… hasta que lo acepté: 'Está bien, debo hacer esto'. Además, fue un poco fastidioso darse cuenta y admitir que todavía no estoy en los niveles de LEGADO o

IMPACTO. Pero ahora sé que llegaré cuando domine los niveles básicos."

Mi parte favorita de la conversación ocurrió al final de nuestra llamada. Jacob dijo: "¿Sabes, Mike? En realidad, estoy disfrutando de mi negocio... por primera vez".

Dulces, dulces palabras para este tipo. Me pongo emocional sólo de escribirlo. Es decir, ¿por qué molestarse en ser dueño de un negocio si vamos a estar endeudados y deprimidos? No tienes que estar plagado de deudas ni vivir ansioso, estresado o deprimido. Sólo concéntrate en lo fundamental.

Capítulo 5

Alcanzar el orden organizacional

Mi hijo mayor, Tyler, es un experto en trivias. Sabe mucho y aplasta a la competencia cada vez que alguien es tan tonto como para jugar contra él. (Dejé de hacer eso cuando tenía doce años. Ahora que es adulto me aseguro de estar en su equipo.) Tyler me contó un hecho interesante sobre el cáncer. ¿Sabías que nuestro cuerpo siempre experimenta el crecimiento celular descontrolado que, técnicamente, es el cáncer? ¿Sabías que nuestro cuerpo mantiene este crecimiento bajo control? En otras palabras, no *nos da cáncer*, más bien *ya lo tenemos* y se vuelve peligroso cuando nuestro cuerpo ya no lo puede mantener y crece sin control.

Mientras escribía este libro le mencioné el nivel de ORDEN a Tyler y (advertencia, orgulloso momento de padre) me dijo: "Es lo mismo con los negocios. Los problemas siempre están ahí y nosotros los controlamos. Sólo que, al igual que nuestro cuerpo, mantenemos el control *hasta* que lo perdemos".

¡Sí! Ése es mi hijo, mostrando con orgullo su inteligencia para la biología y los negocios, conectando los puntos. (Aquí entra orgulloso papá. Disculpa mientras me limpio la lágrima que se asoma por el rabillo del ojo.)

Es verdad. En los negocios siempre está la tendencia natural de avanzar hacia la complejidad. Por lo general aportamos más y hacemos más en un esfuerzo por responder a las oportunidades, al crecimiento y a los cambios en el mercado. Quizá estás dos pasos más adelante que el resto de nosotros, pero si eres como yo y todos los empresarios que conozco, seguro no piensas demasiado en las consecuencias de agregar variabilidad, más allá de cómo podría servir a los clientes y prospectos. Aunque tiene sentido (en el momento) ampliar nuestras ofertas, empezar un nuevo proyecto o contratar más personal, estos cambios pueden salirse de control, lo que imposibilita crear resultados predecibles. ORDEN, un nivel básico en la pirámide de los negocios, requiere la mejora y difusión de sistemas para lograr resultados predecibles. Cuando lo logras, el *cáncer* (el crecimiento y la expansión sin control), se elimina antes de que se establezca y asesine tu negocio de forma silenciosa.

Quiero aclarar un punto: ORDEN no es necesariamente la *creación* de sistemas, aunque puede serlo. No estoy sugiriendo que gastes meses y miles de pesos elaborando manuales de procedimientos y políticas. Aunque no te des cuenta, ya tienes sistemas funcionando. Quizá hay que mejorarlos, pero ya existen. En muchos casos son las rutinas que siguen tus colegas y tú. Ésos seguro son sistemas, sólo hay que sacarlos de la mente de las personas y almacenarlos en un espacio accesible para otros. Por ejemplo, captura las pantallas del proceso que sigue uno de tus empleados para hacer la facturación de tu empresa (lo hace por costumbre; ahora las imágenes lo convierten en un sistema capturado y preservado).

Otra distinción muy importante que quiero hacer trata de *por qué* mejoramos los sistemas. Quizá piensas (como yo alguna vez) que los sistemas tienen que ver con hacer más cosas más rápido. No. Ése es un círculo vicioso y agotador. Cuando logramos mayores niveles de productividad sin eficiencia organizacional, sólo terminamos haciendo más trabajo, no menos. Y gran parte de ese trabajo es innecesario, es decir, estamos desperdiciando recursos.

Cuando llevas ORDEN a tu negocio le das autonomía, porque la compañía ya no depende de ningún individuo (incluido tú). Tiene equilibrio, fuerza y fluidez. Ya no cargas el negocio en tu espalda, esto significa que tu empresa funciona sin ti durante días, semanas, años, incluso toda la vida.

Para cuando se imprima este libro ya habré tomado tres vacaciones de cuatro semanas en un periodo de catorce meses. Hace años, si me hubieras dicho que un dueño de negocio se tomaba tanto tiempo libre (mucho menos *yo*), te habría respondido que eso era absurdo. Ahora creo que los dueños de negocios que *no se dan* vacaciones de cuatro semanas al menos una vez al año son absurdos.

Mi primer minisabático de las operaciones diarias de mi negocio fue del 7 de diciembre al 7 de enero. Ahora cada año dejo ese periodo libre porque me permite pasar tiempo con mis hijos cuando están de vacaciones de la universidad y vienen a casa. Así puedo disfrutar *y participar* por completo en la temporada navideña. Aprendí mucho durante ese descanso y el negocio mejoró tanto que tomé otras vacaciones de cuatro semanas el siguiente julio. (#Disneyland #MaxPass #porquepuedo.) Cuando no estoy dando discursos[10] descanso los fines de semana. Asombroso, lo sé. (La mayoría de los empresarios trabaja los fines de semana. Pero ya lo sabías, ¿verdad?) *Y* me tomé unas vacaciones más cortas. ¿La lección que al final (*al final*) aprendí? No eres dueño de un negocio si el negocio es tu dueño. Si tu empresa te necesita para funcionar, entonces sólo eres un empleado en una compañía de la que tienes muchas acciones. Es todo.

La próxima vez que vayas a un McDonald's pide hablar con el dueño. No está ahí. No está volteando hamburguesas o papas fritas. No está en ese armario glorificado que llaman oficina ni trabajando en la caja registradora. El dueño está en cualquier lugar menos ahí. Porque cada McDonald's se basa en sistemas para funcionar, no en el sudor del propietario.

¿Conoces esas tazas y camisetas que dicen "Get Shit Done"? Bien, quiero que te des cuenta, como lo hice yo, de que si estás haciendo una *shit* (una *mierda* como dice la frase), significa que estás haciendo una *shit*. Deja de hacer cosas por tu negocio y empieza a diseñarlo para que funcione sin ti de manera permanente.

---

[10] Me siento bendecido por dar charlas y conferencias en eventos que van desde grupos empresariales hasta franquicias, asociaciones y todo lo demás. Trabajo con GoLeeward.com (disponible sólo en inglés). Es una agencia muy dedicada, maravillosa y servicial. Échale un vistazo para tu próximo orador. Sería un honor estar en tu evento.

¿Qué hice en mis primeras vacaciones de cuatro semanas? Mi esposa, Krista, y yo planeamos viajar a Quebec (la ciudad más hermosa del hemisferio occidental, en mi opinión) y visitar a familiares y amigos en Europa. Pero la naturaleza tenía un plan diferente. Unos días antes de partir Krista se rompió un hueso del pie mientras daba una caminata en el bosque detrás de nuestra casa. Durante meses usó una bota y su recuperación total tardó casi un año. No tengo que decirlo: pie roto = no viaje. Entonces nos quedamos en casa. ¿Y sabes qué? ¡Fue increíble! Hice proyectos en la casa. Tuvimos invitados. Disfrutamos de los atardeceres y amaneceres, observando desde nuestra bañera de hidromasaje, gracias a una de nuestras distribuciones trimestrales de *La ganancia es primero*. Pude ayudar a Krista a recuperarse. Algo que no habría tenido tiempo de hacer en años anteriores. Durante todas las vacaciones no me presenté en la oficina, ni una sola vez.

¿Esa lesión en el pie? Pude ser yo. ¿Qué pasaría si no pudiera ir a trabajar durante algunas semanas, meses o nunca más? Llegará el día en que tú y yo no podamos trabajar en nuestros negocios. La pregunta es: ¿será planeado o no? La única forma de estar listo para cualquier eventualidad es darle autonomía a tu negocio.

Cuando regresé de mis vacaciones en enero me reuní con el equipo para ver cómo iba. En mi ausencia asumieron roles de formas que *no podían* antes de mi sabático, porque estaba haciendo el trabajo. Resulta que fui yo quien les bloqueó el paso. También hicimos un descubrimiento importante: tuvimos un problema de congruencia de marca. No me había dado cuenta de cuánto hacía para garantizar que nuestros mensajes y marca fueran consistentes hasta que no estuve allí para hacerlo. En mi ausencia el marketing se volvió azaroso. Sin mí apareció el cáncer del marketing. Entonces esta vez debía crear un sistema para asegurar que nuestro marketing se alineara sin mí. Después de todo este tiempo fuera entendí con mucha claridad que mi prioridad número uno es hacerme irrelevante para mi negocio. Una vez que aseguras VENTAS y GANANCIAS, tu próxima misión es volverte irrelevante a nivel operativo a través de ORDEN.

Necesidad 1: Minimizar el esfuerzo desperdiciado

Pregunta: ¿tienes un modelo permanente y funcional para reducir los cuellos de botella, ralentizaciones e ineficiencias?

En *Friction*, un libro que debes leer, Roger Dooley explica cómo la industria del taxi no ha cambiado su sistema de prospección desde 1950. Dice así: los taxistas rastrean las calles en busca de pasajeros mientras los clientes potenciales caminan por las calles buscando taxis vacíos. Si alguna vez has tratado de tomar un taxi en la ciudad de Nueva York, sabes que eso significa buscar una calle concurrida, pero no tan ocupada como para que el tráfico esté parado. Tramposo negocio. Cuando por fin llegas a una *buena esquina*, compites contra todos los que necesitan un taxi. Si se trata de un cambio de turno para los taxistas, quizá no tengas suerte porque es probable que no suban nuevos pasajeros. ¿Y si está lloviendo? Entonces olvídalo. Espero que tengas un buen paraguas, porque tendrás que caminar… al menos a la estación de metro más cercana. ¡Conseguir un viaje implica un gran esfuerzo desperdiciado! Si eres taxista, pasas los días conduciendo por ahí, buscando pasajeros o esperando afuera de los hoteles. Cuando consigues un pasajero puedes terminar conduciendo a una parte de la ciudad donde nadie más necesita un taxi, por lo que debes manejar de regreso a un área concurrida para encontrar otro cliente. Más esfuerzo desperdiciado. Lidiar con direcciones confusas, que el taxista no tenga cambio, que no funcione su máquina o que no acepte tarjeta de crédito al final del viaje, más esfuerzo desperdiciado. O como dice Roger, más fricción.

Compañías de viajes compartidos como Uber y Lyft cambiaron el juego. Eliminaron la tremenda cantidad de esfuerzo desperdiciado. No es necesario llamar al auto ni que el conductor justo vaya pasando por ahí. No te preocupas por las indicaciones ni problemas de pago. Todo es perfecto. Los clientes y los conductores están más contentos, el proceso es más fluido y aumenta la rentabilidad.

Muchos negocios se vuelven complacientes con las operaciones. Caemos en una mentalidad de *pues así es*, sin reflexionar en los procesos. Esto pasa muy seguido en negocios que funcionan dentro de una industria que ha establecido métodos, como la industria del taxi. Los nuevos conductores siguen los mismos *sistemas* de siempre, a pesar de perder tiempo y esfuerzo cada hora de cada día. Como le gusta decir a mi socio comercial Ron Saharyan de Profit First Professionals: "Las rutinas se vuelven rutinas".

Google tenía una persona cuyo trabajo principal era garantizar que la página de búsqueda permaneciera ordenada. En efecto, sus empleados eran los guardianes de la limpieza del buscador. Los departamentos querían agregar sus funciones a la codiciada página de búsqueda de Google, por ejemplo: correo electrónico o noticias. Pero el objetivo de la Búsqueda de Google era obtener resultados rápidos y precisos y el desorden ralentizaba la navegación y generaba distracciones innecesarias. Esta persona tuvo que resistir la entropía que las empresas traen consigo de forma inevitable. Tuvieron que eliminar cualquier obstáculo o distracción que evitara que el usuario encontrara imágenes de pintura renacentista con pavo real blanco o cualquier cosa que quisiera encontrar, rápido. Cuando lo lanzaron, el principal competidor de Google era Yahoo, un sitio donde los usuarios lidiaban con noticias, imágenes y toneladas de posibles distracciones. Como Google puso a un líder para luchar contra el esfuerzo desperdiciado en nombre de sus clientes, ganó la guerra de los motores de búsqueda (por ahora). No sólo ganó, sino que el nombre de la compañía se volvió un verbo que *describe* el acto de buscar algo en internet. ¡Qué manera de dominar a través de la eficiencia y el orden!

Cada negocio es un fabricante, incluido el tuyo. Quizá no manufacturas cosas como tal, pero todos estamos creando una experiencia, un sentimiento final. Y todos seguimos una secuencia de pasos para transmitir ese sentimiento. Mira los pasos que das, observa dónde hay un conflicto de tiempo (donde las cosas se ralentizan y el tiempo para completar una tarea se acumula) o un cuello de botella (el inventario o el papeleo se sienta esperando que alguien o algo llegue a él) y arréglalo.

Aunque describo esto con detalle en *El sistema Clockwork*, quiero agregar algo que no mencioné en ese libro. Necesitamos cierto grado de capacidad protectora. Es decir, no quieras agilizar y reducir tanto los procesos que cuando tengas un aumento repentino de la demanda tu negocio se vea afectado. (Recuerda, tratamos de evitar un crecimiento descontrolado.) Necesitas un exceso de capacidad para cubrir la inevitable necesidad de rehacer algún trabajo (¡ugh!). O manejar un aumento de la demanda (¡yupi!).

Hay una frase famosa que dice: "Todo debe hacerse tan sencillo como sea posible, pero no más simple". Ése es el objetivo de reducir el esfuerzo desperdiciado.

OMEN: Minimizar el esfuerzo desperdiciado

En este ejemplo, supongamos que eres propietario de una empresa que instala y mantiene redes informáticas en estadios deportivos. Completaste el análisis Un Paso a la Vez y quedó claro que el esfuerzo desperdiciado debe minimizarse. El problema no es completar la etapa de VENTAS con éxito; tus problemas surgen después de la venta e instalación. Los nuevos sistemas tienen una curva de aprendizaje y tus clientes tienden a seguir llamando durante meses después de una instalación para pedirte que les enseñes una nueva campana o cualquier cosita. ¡Es hora de OMEN para esta necesidad vital, bebé!

1) **Objetivo:** Reducir la cantidad de capacitación *después de la instalación* en un setenta y cinco por ciento. En la actualidad tienes un promedio de ciento ocho llamadas de usuarios después de una instalación. Quieres llegar a veinticinco o menos.

2) **Medición:** Antes realizabas un seguimiento del número de llamadas de asistencia y pasabas por una combinación

de informes para determinar el promedio de llamadas por cliente. Ahora harás un seguimiento para cada cliente de cuántas ATI, término usado en inglés para una llamada posterior a la instalación, tienes en tiempo real.

3) *Evaluación:* Realizas una instalación importante al mes y las llamadas de asistencia se desarrollan durante otros dos meses después de completada. Como tienes alrededor de tres ATI al día, planeas hacer un seguimiento diario. Necesitarás tres meses de acumulación de datos antes de saber tu progreso.

4) *Modificación:* Notificas a tus técnicos e instalas equipos con el nuevo objetivo, medición y frecuencia de evaluación. Confirman que la medición y frecuencia de evaluación tienen sentido. Luego les pides que sugieran caminos para llegar allí. Las ideas surgen de inmediato: dejar a un técnico en el sitio durante la primera semana tras la instalación para responder preguntas; capacitación por video; *cobrar una tarifa adicional cada vez que llaman...* Una idea se oye del lado izquierdo, tiene mucho potencial como un factor diferenciador. Durante la instalación el cliente tiene un periodo de inactividad, ¿y si el personal clave viene en ese tiempo a nuestra oficina de demostración para aprender el nuevo sistema? Las configuraciones idénticas que implementaste ya estaban en la oficina de demostración.

5) *Resultado:* Probaste una combinación de ideas, pero la oficina de demostración que se convirtió en oficina de entrenamiento fue revolucionaria. Las instalaciones fueron más rápidas. Los clientes aprendieron el sistema en tiempo real, con tu personal interno allí mismo para ayudarlos cuando tuvieran preguntas. Esto también redujo las distracciones para tu equipo, ya que los clientes estaban en tu oficina durante las instalaciones. Cuando los clientes regresaron a su oficina estaban capacitados y listos para comenzar. Aunque llegaron algunas ATI, se redujeron a un promedio de veintiuna por cliente. Mejor que tu objetivo.

Necesidad 2: Alineación de roles

Pregunta: ¿los puestos y responsabilidades de las personas coinciden con sus talentos?

Michael y Amy Port son los fundadores de Heroic Public Speaking (HPS). Su organización enseña a oradores aspirantes y establecidos a convertirse en verdaderos artistas del habla. Desde mi experiencia, HPS es el mejor del mundo en lo que hace: maestros de clase mundial enseñan a otros cómo ser de clase mundial. Entrené con ellos y puedo decirles que todos (incluido un tipo como yo, que ha dado más de quinientas conferencias) pueden ampliar sus habilidades usando los métodos de HPS. Michael, Amy y su equipo me mostraron cómo hacer el cambio de orador a artista, y desde que comencé a implementar sus técnicas he recibido mayores elogios en mi carrera de orador. Por eso estoy eternamente agradecido con los dos.

Mucha gente sabe sobre HPS, pero pocas personas se dan cuenta de que en ocho años Michael y Amy expandieron sus servicios de capacitación de sólo dos personas en teatros públicos y bibliotecas a un grupo de instructores de élite (y personal de apoyo estelar) en su propio edificio en Lambertville, Nueva Jersey.

¿Cómo lograron escalar tan rápido y mantener la integridad estructural? Primero, sé que Michael y Amy apuntalaron VENTAS, GANANCIAS y ORDEN y que siguen su método de registro para asegurarse de que están en terreno firme. Otro aspecto del notable crecimiento es su capacidad para alinear a las personas adecuadas con los puestos correctos. Michael y Amy agregaron nuevos expertos a su equipo y promovieron a los que eran maestros en su oficio. Las aspiraciones de su personal les importan tanto como las propias. Como resultado, en cada paso del camino su negocio dio un salto adelante. Incluso han promovido a exalumnos, alumnos de su programa completo de desarrollo de oradores, Heroic Public Speaking Graduate School. Desarrollaron un programa de becas de enseñanza, promoviendo a los estudiantes a puestos de maestros y liberando su propio tiempo.

Justo eso estoy haciendo con Kelsey Ayres (compartiré su historia más adelante en este capítulo). Ella es un complemento increíble para la cultura en nuestra oficina y mi trabajo es encontrar los puestos que más se benefician de su talento en bruto. Eso hace HPS, todo el tiempo. Encuentran a las personas correctas, las colocan en los roles donde hay una necesidad y (esto es súper importante) buscan mover a esa persona a un puesto que le ajuste mejor.

La alineación de roles se trata de poner a las personas en puestos donde prosperen, lo cual hace que la empresa también prospere. Y en los roles que quedan vacantes buscar nuevas personas. No se trata de poner a gente en puestos donde no encaja y mantenerla ahí. Es como armar un rompecabezas. Tu trabajo consiste en encontrar y poner la pieza en el lugar donde encaja de forma natural, sin meterla a la fuerza.

OMEM: Alineación de roles

En este ejemplo, eres un autor de libros de negocios. (Apuesto a que te preguntas de dónde saqué esta idea.) Ya creaste seguidores y presentaste productos y servicios que respaldan tus libros. Todo va sobre ruedas, pero debes cuidar tu siguiente necesidad vital. En este caso, el análisis Un Paso a la Vez identificó la alineación de roles como la necesidad vital. Tienes gente maravillosa, pero no estás consiguiendo resultados grandiosos. Hagámosle el OMEM a este chico malo, ¿vale?

1) ***Objetivo:*** Hacer que tus mejores trabajadores hagan las cosas que les gustan para que estén contentos y aumente la eficiencia de tu empresa. Este objetivo es un poco confuso. Por eso, para conseguir algunos números, haces una encuesta anónima con dos preguntas: "¿Cuánto amas a la compañía?" y "¿Cuánto amas tu trabajo?" La respuesta: la gente califica el amor por la compañía como un sólido 10. ¡Increíble! Pero el amor por su trabajo es un aterrador 6.

2) *Medición:* Concluyes que si tu gente hace un trabajo que (en su mayoría) le causa alegría, la eficiencia será un efecto secundario natural. Entonces estableces dos mediciones: *1)* Amor por la empresa y *2)* Amor por el trabajo. Tu intención es mantener el amor por la compañía en 10 y obtener un 9 en amor por el trabajo. Las personas no siempre pueden hacer lo que quieren, siempre hay trabajo duro, pero seguro puedes subir ese 6.

3) *Evaluación:* Esto es algo que puede llevar meses, incluso un año, porque no se puede medir todos los días. El mejor enfoque es hacer cambios y luego medir un impacto inmediato. Además, agrega una revisión trimestral preguntando: "¿Cómo nos va?"

4) *Modificación:* Te reúnes con tu equipo y le cuentas tu plan de cambiar roles para aumentar su felicidad. A cada empleado le pides que enumere las diez tareas principales que realiza y que le quitan la mayor parte del tiempo. Aunque escriban que hacen montones de cosas, sabes que la antigua regla 80/20 señala que sólo algunas cosas constituyen la mayoría de su trabajo. Les pides que al lado de cada tarea evalúen de manera sincera si les gusta, la odian o les da igual. Luego les pides que escriban cinco nuevas tareas que les gustaría hacer para la compañía y que les daría felicidad. Ahora te toca trabajar en la alineación de roles.

5) *Resultado:* La hiciste con este ejercicio. Descubriste que algunos de tus empleados odiaban el trabajo que otros amaban y viceversa. Con facilidad pudiste cambiar personas de trabajo y lograr que la mayoría hiciera el trabajo que le gusta casi setenta por ciento del tiempo. También construiste una lista de cosas que a nadie le gusta hacer. Eran como ocho cosas que necesitaban hacerse (no eran un mal trabajo, sólo que a tus empleados no les gustaban). Publicaste un anuncio enumerando esas ocho cosas como responsabilidades en un empleo de medio tiempo. En efecto, llenaste un puesto con

una persona que no podía creer que encontró un trabajo haciendo justo lo que le gusta. Ahora puedes regresar a escribir esos libros tan simpáticos y horribles y tener una historia curiosa que compartir sobre la alineación de roles.

Necesidad 3: Delegar resultados

Pregunta: ¿la gente más cercana al problema tiene el poder de resolverlo?

En Estados Unidos hay algunos campus universitarios hermosos, pero el que se lleva las palmas... sé que te sorprenderá que no sea mi amado Virginia Tech (¡Hokie, Hokie, Hi!), es Ole Miss. También se le conoce como Universidad de Mississippi. A medida que el sol naciente forma prismas de arco iris sobre las gotas de rocío recién creadas que se aferran a cada hoja verde esmeralda... bla, bla, bla. Ya me callo. Ya tienes la idea, ¿no? En verdad, el campus es impresionante. Parece la calle del hoyo dieciocho en tu campo de golf favorito. Áreas perfectamente cuidadas. Pájaros trinando. Tienes la sensación de que todo está bien en el mundo y este campus es prueba de ello.

No soy la única persona que cree que Ole Miss tiene uno de los campus más bellos del país. Es conocida por ello y no es por accidente. Es por diseño. Mejor dicho, es por ORDEN.

A principios del año 2000 Ole Miss se dio cuenta de que tenía menos solicitudes de estudiantes que otras universidades de la Conferencia del Sudeste (SEC), las cuales estaban sobrecargadas de solicitudes de estudiantes. La diferencia era desproporcionada. Sabían que se beneficiarían de tener más aplicaciones, entonces asumieron que debían centrarse en las ventas. Suena como una necesidad vital de atracción de prospectos del nivel de VENTAS, ¿cierto? Lo fue, pero al resolverlo *también* arreglaron una necesidad básica de otro nivel: ORDEN. Como ya dije, a veces descubrirás que al resolver una necesidad vital también abordas otra o muchas necesidades básicas que se conectan de alguna manera a la necesidad vital que estás solucionando. Suena como un acertijo, ¿no? En pocas palabras, a veces, cuando arreglas una cosa, terminas arreglando otra al mismo tiempo.

Los directivos de Ole Miss no tenían el confiable análisis Un Paso a la Vez para ayudarlos a resolver su problema, por eso le dieron varias vueltas tratando de solucionarlo. Ole Miss investigó cómo los estudiantes seleccionaban universidades y la evidencia fue clara: un gran número de estudiantes decidía si asistir o no a una escuela en los primeros minutos de visitar el campus.

Cuando empezaron a identificar qué atraería a los estudiantes a Ole Miss, determinaron que un campus hermoso les daría ese beneficio. Porque sin importar cuántos estudiantes visitaran el campus, la mayoría elegiría una escuela diferente con base en una primera impresión menos-que-estelar. En aquella época tenían la calificación más baja de la SEC, por lo que decidieron hacer todo lo posible por embellecer su campus. Para lograr ese objetivo tuvieron que abordar el hecho de que sus sistemas necesitaban mejoras. Por ejemplo, en esa época sus jardineros tardaban diez días sólo para cortar el pasto.

Aquí entra Jeff McManus, el jardinero en jefe de Ole Miss, asignado para solucionar el problema. En lugar de programar una reunión ejecutiva para generar ideas o buscar en Google lo que hacían otras universidades, lo primero que hizo fue llamar a todo el personal. ¡Inteligente! Siempre reúne a las personas más cercanas al problema y escucha sus ideas para encontrar soluciones.

El análisis final fue que el campus no estaba en plena forma porque se ignoraba a los trabajadores que embellecen las áreas verdes. El primer paso de Jeff fue darles más importancia. Les dio nuevos uniformes y escuchó sus ideas. Al final resultó que el personal de mantenimiento sabía por qué el campus se veía así: tardaban una eternidad en podar las decenas de hectáreas y eso les quitaba tiempo para embellecer el lugar. ¿Los culpables de esa gran ineficiencia? Las ramas bajas de los árboles.

La forma más eficiente de cortar el pasto es en línea recta, pero con frecuencia el personal debía detener la máquina para moverse alrededor de la rama baja de un árbol, de otro obstáculo como un bote de basura o un área cuadrada de acolchado... y todo eso disminuía su velocidad. Entonces el equipo de Ole Miss puso en marcha un plan para garantizar que los árboles se podaran a tres metros, esto dio espacio para los que cortaban el pasto y mejoró el aspecto de los árboles. También se les ocurrieron otras ideas como reemplazar las áreas cuadradas de acolchado por figuras redondas u ovaladas para cortarlas con facilidad y mover los botes de basura del césped a las áreas pavimentadas en las banquetas. Las agujas de pino reemplazaron el acolchado de virutas de madera, otro embellecimiento con beneficios. Las agujas de pino son naturales, tienen un agradable olor a hoja perenne y retienen mejor la humedad, reduciendo la necesidad de regar las plantas con tanta frecuencia, liberando aún más tiempo.

Con todas las mejoras realizadas por sugerencia de los trabajadores, el equipo cuidó todo el campus de Ole Miss en la mitad del tiempo. Esto significaba que el campus podía mantenerse hasta el doble de frecuencia que antes, conservándolo en excelente forma en todo momento. Y también significaba que había más tiempo disponible para trabajar en otros proyectos de embellecimiento.

Pasando por el modelo de la PNN, Ole Miss primero habría considerado si los dos niveles básicos abajo de ORDEN eran sólidos. Cuando hablé con Jeff le pregunté si estaban seguros de que su nivel de GANANCIAS se había incrementado. La respuesta fue sí. Ole Miss tenía una estructura de rentabilidad en su lugar. Sólo necesitaban más estudiantes para aprovechar el modelo rentable que diseñaron. Pero el nivel de VENTAS tenía una necesidad vital. Trabajar en el nivel de ORDEN, que está por encima del nivel de VENTAS, sería un error, ya que la necesidad vital estaba en VENTAS y siempre trabajas en la necesidad básica más impactante en el nivel más bajo. Pero a veces te pedirán que abordes otra necesidad básica en otra parte de la PNN para solucionar la necesidad vital. A veces las necesidades de tu organización son muy simpáticas.

Al final, resultó que arreglar el problema de atracción de prospectos de VENTAS *requirió* que solucionaran un problema de ORDEN. Dicho esto, el objetivo principal era abordar la necesidad vital de VENTAS. En este caso, al volverse eficientes en el mantenimiento, tuvieron la oportunidad de matar dos pájaros de un tiro: Ole Miss transformó su campus y mejoró su número de solicitantes, registrando dieciocho años consecutivos de aumento de la matrícula, resolviendo así su necesidad vital en el nivel de VENTAS.

OMEM: Delegar resultados

En este ejemplo fabricas lentes de sol. Tu tienda produce alrededor de mil lentes oscuros por día. En fechas recientes has tenido problemas con la calidad. Muchos lentes tienen rayones y el equipo de control de calidad los rechaza, como resultado hay desperdicio de materiales y costos de mano de obra adicionales. Dos grandes errores imperdonables para ti. Te has roto la cabeza tratando de resolver este problema de delegación de resultados, pero ahora eres consciente de que las personas más cercanas al problema tienen más probabilidades de saber cómo solucionarlo. ¡Es hora de OMEM!

1) **Objetivo:** Reducir el número actual de lentes defectuosos: de cien por cada mil (un enorme diez por ciento) a cinco por cada mil (0.5 por ciento), lo cual sobrepasaría incluso a tus mejores competidores.

2) **Medición:** Sólo necesitas una métrica para esto, al menos por ahora: la cantidad de unidades defectuosas por cada mil fabricadas.

3) **Evaluación:** Tu tienda produce tal volumen que muchas veces puedes ver el impacto de los cambios el mismo día que se realizan. Como se necesitan menos de veinticinco minutos para que un par de lentes pase por la línea, incluso puedes ver los resultados en menos de una hora. Quieres acumular

suficientes datos para lograr significados estadísticos, por eso estableces el intervalo de una comprobación diaria. Todas las noches, a las 8:00, se genera un informe que resume los resultados.

4) **Modificación:** Vas con tu equipo y le cuentas el problema. Luego formas un comité de resolución de problemas con las cuatro personas que están en la línea y una persona de control de calidad que experimenta el problema de primera mano. Su primer trabajo es confirmar y ponerse de acuerdo en el objetivo y la medición que estableciste. Lo hacen. Si no lo hubieran hecho, su primer trabajo sería darte un nuevo objetivo y una medición mejor. Como ya todos están de acuerdo y tienen la camiseta bien puesta les dices: "Está en sus manos, ¡arréglenlo!"

5) **Resultado:** En el taller hay un monitor que muestra tres cifras: el número total de defectos de ayer, un total acumulado de defectos de hoy y el promedio de defectos diarios de los últimos treinta días. Hacen una lluvia de ideas sobre mejoras y realizan pruebas. Semanas después uno de los trabajadores de la línea dice algo interesante: los pigmentos de óxido metálico que se agregan al plástico son una fórmula nueva y *escuchó de un amigo* que son muy susceptibles a los rayones. Volver a la fórmula anterior mejora la tasa de defectos, pero no está en el objetivo. Otro trabajador de línea se da cuenta de que el pulidor de lentes a veces hace un ruido casi imperceptible y concluye que se está resbalando en este punto, causando los rayones. De inmediato, el equipo detiene la línea de producción e inspecciona el mecanismo interno del pulidor. En efecto, un poco de polvo de metal y vidrio se acumularon en el brazo móvil de la rueda, lo que a veces genera un pequeño salto y deja un rayón. Limpian la obstrucción y los defectos se reducen de inmediato a sólo veinte por cada mil. Un gran avance. Y ahora el equipo está animado a descubrir los próximos pasos para reducir a cinco defectos o menos.

Necesidad 4: Redundancia de personas clave

Pregunta: ¿tu negocio está diseñado para funcionar sin los empleados principales?

El 6 de junio de 2019 le dije adiós con la mano derecha, con todo mi corazón y cerebro, a Kelsey Ayres. La llamo mi FEAT (Empleada Favorita de Todos los Tiempos, en inglés). Ni siquiera puedo explicar lo increíble y maravillosa que es como colega y amiga. Se unió a mi pequeña empresa como asistente personal en 2017 y en sólo dos años se posicionó para dirigir a toda nuestra organización. Kelsey es así de inteligente e impulsiva. Todos en la oficina la quieren y respetan. Y muy rápido nos volvimos dependientes de ella.

A principios de 2019 Kelsey todavía administraba mis itinerarios de viaje personales (complejos y siempre cambiantes) y supervisaba proyectos importantes (como nuevas campañas de correo electrónico, ventas en línea y los lanzamientos de mis libros). También gestionaba todas nuestras tareas de recursos humanos: contratación, despido, administración y nómina. Y era la mejor coanfitriona de podcast de todo el planeta.[11] Kelsey hacía todo como una estrella de rock...

Y fue entonces cuando me di cuenta de que necesitaba dejarla ir...

No, no la despedí. ¡Claro que no! Me aferraré a Kelsey con todo lo que pueda, mientras ella quiera trabajar con nosotros. Kelsey es increíble, pero se convirtió en una persona clave. Si Kelsey se enfermaba y no podía trabajar o, Dios no lo quiera, Kelsey quería salir de vacaciones, todo el negocio se detenía. El trabajo haría fila

---

[11] ¡Ahora mismo puedes escucharlo! Sólo suscríbete a mi podcast *Entrepreneurship Elevated* en iTunes, Stitcher.com o cualquier plataforma de podcast. Asegúrate de escuchar *Grow My Accounting Practice* (para obtener información sobre estrategias de crecimiento para contadores y otras empresas de servicios profesionales) y *Profit First Nation* (para obtener información sobre cómo aumentar tus ganancias en voces de otros que lo han hecho y consejos de expertos en el sistema Profit First).

esperando su regreso. Yo le mandaría mensajes de voz o de texto con "sólo una pregunta rápida" interrumpiéndola y solicitando su tiempo de manera constante. Me di cuenta de que nos habíamos vuelto totalmente dependientes de ella y que si por alguna razón no estaba con nosotros, el negocio estaría en graves problemas.

En este capítulo te compartí la poderosa estrategia de salir de vacaciones cuatro semanas. Ruego a cada empresario que tome un mes de descanso cada año o con más frecuencia. El objetivo es alejarte de hacer el trabajo y, en cambio, diseñar tu negocio para que haga el trabajo sin ti. El día que declaras las vacaciones de cuatro semanas empiezas a ver tu compañía de una manera nueva. Saber que tu negocio no puede depender de ti requerirá cambios para que dependa de sí mismo. De hecho, muchos empresarios están tan atascados que no toman descansos ni vacaciones durante años (o décadas). Si crees que el dicho *el que quiera tienda que la atienda* arreglará tu negocio y la has atendido durante años, has demostrado que es un dicho falso. Atender tú no funcionará. Nunca jamás.

Con Kelsey me di cuenta de que no sólo el dueño debe tomarse unas vacaciones de cuatro semanas, también los empleados principales. Un negocio no puede tener dependencia crítica a una sola persona. Necesitamos ausencias todo el tiempo.

Le dije a Kelsey: "Tenemos que dejarte ir. Ve y haz algo que sueñes. Tómate un año sabático. Debes irte para que podamos generar redundancia en la empresa para todo el trabajo que haces. Y para que puedas pasar de hacerlo a delegarlo. Y para que vivas tu vida con su propósito, hacer lo que te da felicidad".

El día en que anunciamos sus vacaciones de cuatro semanas, que después se convirtieron en un sabático de dos meses, el trabajo de Kelsey se transformó. En vez de hacer todo empezó a delegar para lograr los resultados deseados. Entrenó a Nina y Jenna en todo lo relacionado con nuestras finanzas. Kelsey puso a Paul y Jeremy al tanto de las funciones de marketing y en línea. Amber Vilhauer, fundadora de NGNG Enterprises, se convirtió en nuestra agente para el lanzamiento de libros (incluido éste). Liz Dobrinska, de Innovative

Images, quien fue nuestra diseñadora gráfica y desarrolladora web durante más de diez años, amplió la tecnología web y diseñó la cubierta del libro *Un paso a la vez*. Jenna se encargó de los alcances por correo electrónico y campañas de goteo. La novata Lisa se hizo cargo de la programación. Morgan se convirtió en mi favorito para hablar de itinerarios y viajes. Y Amy Cartelli avanzó en más formas de las que puedas imaginar, cubriendo cualquier tarea en el momento en que fuera necesario.

Le llevó seis meses, pero al final Kelsey había entrenado un equipo y grabado videos que capturaban cada una de sus tareas de rutina. La semana previa a su viaje de dos meses a través de Asia y ayuda a una comunidad en dificultades, Kelsey no tenía trabajo qué hacer. Mejor dicho, había subido a un nuevo trabajo. Ahora gestionaba toda la empresa. La organización era más fuerte que nunca. Cuando regresó del sabático hicimos un anuncio: Kelsey Ayers era la nueva presidenta de la compañía. Y yo pasé a ser portavoz de tiempo completo.

Ahora trabajo para que cada empleado clave tome unas vacaciones de cuatro semanas al año. Haz lo mismo con tus trabajadores principales. Nunca caigas en la trampa de depender de otras personas. Debes tener redundancia. Ésta fortalece tu negocio y ofrece un camino para que todos avancen. Ésa es la definición de un negocio que trabaja como un reloj. Y un negocio que está funcionando al más alto nivel de ORDEN.

OMEM: Redundancia de personas claves

Digamos que operas directorios de empresas de estadounidenses. La gente te compra listas de clientes potenciales para enviar correos electrónicos, correos tradicionales y hacer llamadas. Tienes un pequeño equipo de curadores que mantiene todos los detalles de contacto lo más actualizados posible. Es una tarea difícil y, cuando cualquiera del equipo se va, sientes un impacto inmediato. Tu análisis Un Paso a la Vez identificó que tienes la necesidad vital de redundancia de personas clave. Dependes por completo de un puñado de personas para mantener los datos actualizados; incluso con todos los avances tecnológicos la precisión de tu información sigue dependiendo por completo de estos pilares. Vendes la precisión de los datos y tus empleados principales te tienen en una posición precaria. Necesitas dar un paso a la vez y construyes tu OMEM para hacerlo.

1) **Objetivo:** Liberarte de la dependencia exclusiva de tu equipo de curaduría. En la actualidad realizan más de ochenta por ciento de las verificaciones de validación de datos. Sería un milagro reducirlo a menos de diez por ciento, pero por ahora tu intención es reducirlo a la mitad. Si puedes bajar la dependencia a tus curadores hasta cuarenta por ciento, tendrás mucho más espacio para respirar.

2) **Medición:** Realizas un seguimiento de la cantidad de actualizaciones que recopilas todos los días para empresas nuevas y existentes. Tus curadores rastrean la cantidad de actualizaciones que han confirmado. Aunque la cantidad de validaciones que hacen los curadores es valiosa, lo que importa es la cantidad de actualizaciones que los curadores deben validar. Quieres reducir la demanda sobre ellos, pero que mantengan su eficiencia.

3) **Evaluación:** Una vez que tengas un plan sobre qué hacer, puedes realizar un seguimiento diario del impacto. A medida que creas estrategias generas objetivos provisionales.

4) **Modificación:** Tu primer trabajo es asegurarle al equipo de curadores que su empleo está seguro, protegido y que pueden desempeñar diferentes roles en la organización conforme haces las mejoras. Les explicas el objetivo, la medición y la frecuencia de evaluación. Es difícil para la gente salir de la mentalidad *siempre lo hemos hecho así*, hasta que una curadora sentada en la parte de atrás murmura: "Wikipedia". Explica que Wikipedia tenía este problema: no podía

mantenerse al día con la demanda de actualizar y mantener sus entradas. Parecía que sus días habían terminado hasta que abrieron el sistema para que el usuario final lo mantuviera: el público.

5) **_Resultado:_** Implementas la idea nueva de un directorio público de todas las empresas. Páginas amarillas en línea, pero estilo Wikipedia. El directorio será gratuito y mantenido por el público. Incentivas a los negocios para que mantengan su información al día dándoles créditos por actualizar y mantener sus datos y anuncios gratuitos en el sitio. Detrás de cámaras desarrollaste la base de datos más completa y precisa de todos tus competidores sin que los curadores hagan todo el trabajo. Sigues vendiendo las listas como siempre; son mejores que nunca y tu equipo puede tomar vacaciones.

Necesidad 5: Buena reputación

Pregunta: en tu industria, ¿te reconocen por el ser el mejor en lo que haces?

Cuando se trata de buena reputación es fácil pensar en los grandes. Lo que los hace grandes es su devoción al oficio. Hacen su única cosa tan bien que las personas se ven obligadas a comprarles y las tarifas por sus servicios se vuelven cada vez menos relevantes.

Cuando un cliente valora lo que ofreces busca al maestro. Aquí está la ironía: cuando tienes una buena reputación el cliente hará esfuerzos extraordinarios para encontrarte. Por ejemplo, si mi médico de cabecera dice que se está mudando al otro lado del país y me va a cobrar 5 mil dólares por la visita en lugar de mi copago de 25 dólares y me pide que lo siga visitando, me reiría. Quiero conveniencia y asequibilidad en un médico general. Pero si tengo una enfermedad cardiaca específica atendida por una cardióloga magistral en el otro lado del país y cobra 5 mil dólares por consulta, la llamaré.

Encontraré una manera de llegar allí y de conseguir el dinero. Se trata de resolver esto de la manera correcta por una experta.

Los generalistas atraen a la base general de clientes y de manera constante necesitan aprender habilidades nuevas y diversas a nivel superficial para competir. Los especialistas atraen clientes con necesidades especializadas y, de manera constante, mejoran su oferta a través del aprendizaje profundo y la mejora.

No estoy haciendo un juicio de valor. Sólo estoy señalando que los especialistas tienen un camino mucho más fácil para dominar su oficio porque hacen menos cosas con más frecuencia. Como resultado, el especialista casi siempre tiene clientes de mayor calidad. En el nivel de ORDEN, el objetivo de tu negocio es hacer menos cosas mejor.

Stacey Duff es la presidenta de una compañía de 28 millones de dólares, Pacific-Ocean Auto Parts Co. (PAPCO), que distribuye piezas de General Motors en California y Oregón. Descubrió cómo asegurar que PAPCO sea rentable de manera permanente en una estructura comercial que pocos podrían lograr. Ella no tiene control sobre sus precios. GM establece los precios y dice a quién vender y a quién no. Stacey ni siquiera tiene control sobre los costos de inventario. GM dice lo que debe pagarles. Entonces ¿cómo es tan rentable PAPCO? Tiene una reputación estelar.

Stacey integró ganancias en cada elemento de su negocio al garantizar que su equipo fuera el mejor. Como no puede hacer una fortuna con un solo producto debido a los márgenes preestablecidos, la hace al administrar una tienda eficiente y entregar a tiempo, como se espera. De hecho, Stacey es tan buena en lo que hace que GM a menudo se pregunta cómo le va tan bien a PAPCO. Días antes de que se imprimiera este libro Stacey me llamó para compartir que habían comprado a PAPCO. El nuevo dueño estaba cautivado por su reputación de excelencia y tomó un súper atajo para llegar ahí: comprarlo.

OMEM: Buena reputación

¡Es hora del ejemplo! Tu restaurante es bueno, de verdad, pero no tienes una fila afuera de la puerta como La Casa de Toño de al lado. Ellos venden poco más que pozole. ¡Tú tienes de todo! Espera un minuto. Espera un maldito minuto. Tu análisis Un Paso a la Vez acaba de señalar que tu necesidad vital es: buena reputación. Aunque sientas que dominas todo, el hecho de no tener una fila afuera de tu puerta todos los días indica que tus clientes no te ven como un experto.

1) **Objetivo:** Tener la reputación de ser el mejor en tu mercado. La clave es reducir tu oferta y ser mejor que nadie para entregarla. En la actualidad tienes más de veinticinco platillos en el menú. ¿Qué pasa si lo reduces a uno? Una cosa con variaciones. Ése es tu gran objetivo… un poco loco.

2) **Medición:** Los ingresos son un indicador. La variedad de alimentos es un indicador. Pero lo mejor es: la fila en la puerta. ¿Puedes estar en una posición donde la demanda es constante, al igual que La Casa de Toño de al lado?

3) **Evaluación:** Habrá que ser valiente. Harás el cambio y medirás justo después. Te darás permiso de volver al negocio anterior si la prueba nueva falla y luego intentar otra cosa.

4) **Modificación:** Observas tus datos de ventas y notas que vendes una sorprendente cantidad de Hamburguesas Imposibles. Eres un restaurante tipo *comfort-food* con nuggets de pollo, hamburguesas y hot dogs. Hace un año agregaste la Hamburguesa Imposible vegana al menú. Piensas que tu oportunidad de dominar quizá es convertirte en el primer restaurante vegano en la ciudad y triunfar en el sabor de los productos de *carne* alternativos a base de plantas. Haces una prueba abriendo una ventana en tu restaurante durante un mes.

5) **Resultado:** Anuncias este nuevo restaurante *temporal* mientras el otro *cierra por vacaciones* durante un mes. Los clientes

vienen. Rápido aprendes nuevas formas de preparar este producto para que sea más sabroso y más jugoso que cualquier otra hamburguesa de origen vegetal. Mejoras a la velocidad del rayo, ya que sólo vendes hamburguesas a base de plantas y la multitud aumenta. Después de un mes ves el potencial y decides cambiar la configuración de tu antiguo restaurante genérico con la nueva idea de dominio comercial. Te tardas un año y, claro, hay altibajos. Pero con el cambio de marca y el dominio de estas nuevas hamburguesas eres el mejor de la ciudad, ¡tal vez del mundo! Los clientes hacen fila en tu puerta. Y me alegra decir que es un poquito más larga que la de tu amiga Toña. ¡Buen trabajo, maestro de las hamburguesas veganas!

Un Paso a la Vez en acción

Stacey Seguin es asesora de negocios de gran nivel en Tap the Potential LLC y usa una amplia gama de conocimientos, certificaciones y experiencia para ayudar a sus clientes. Le revelé el modelo Un Paso a la Vez una mañana lluviosa en el centro de retiros de la compañía en Alexandria, Luisiana. Desde nuestra reunión, empieza cada asesoría con el análisis UPV y lo aprovecha cada vez que un cliente necesita identificar su próximo desafío.

Una de mis historias favoritas de Un Paso a la Vez proviene del trabajo de Stacey con American Landscape and Lawn Science LLC. Una empresa de Steve Bousquet que en 2019 daba servicio a más de tres mil clientes.

Sólo unos días después de nuestra lluviosa reunión matutina, estaba sentada en la oficina de Steve en Franklin, Connecticut, usando Un Paso a la Vez. Pasaron por el proceso simple, comenzando en el nivel de VENTAS y subiendo. Palomearon todo lo estable y confirmaron que el negocio de treinta y seis años tenía una base sólida en VENTAS y GANANCIAS. Pero cuando llegaron al nivel de ORDEN un cuadrito deslumbrante sin palomita seguía inmaculado: redundancia de personas clave.

Chris Bishop administraba todo el horario de la empresa. Despacho de equipos de servicio, gestión de solicitudes de clientes y cambios sobre la marcha causados por un clima impredecible. Una tormenta torrencial podría tener un efecto dominó durante semanas o incluso un mes o más para algunas empresas de paisajismo. Esto no era un problema para el maestro del rompecabezas, Chris Bishop. Excepto por un aspecto: entre más manejaba los desafíos de programar los horarios, menos se comunicaba con los clientes, dejando a las personas sin saber qué esperar. Si Chris estaba fuera por un día (ni pensar en unas vacaciones de una semana) el horario se arruinaba.

Steve y Stacey desarrollaron un plan. Pusieron a dos empleados para respaldar a Chris en la programación del horario y manejar una gran parte de la comunicación con los clientes. Así empezó la capacitación. Observaban a Chris programar y luego lo comunicaban a los clientes. Fue una forma excelente de observar y aprender las complejidades de la programación de los horarios, mientras abordaban de manera activa la debilidad en la comunicación.

Avancemos en cámara rápida hasta mayo, el inicio no oficial de temporada para la industria del paisajismo: la redundancia estaba lista para el puesto de programación. El año anterior la compañía recibió más de setecientas quejas por la mala comunicación acerca de los horarios. Conforme se acercaban al final de la temporada de verano de 2019, las quejas se habían reducido a menos de cincuenta. Chris Bishop pudo tomar sus primeras dos semanas de vacaciones y el negocio no perdió el ritmo.

Ahora Chris tiene un puesto más importante como COO y la compañía es más fuerte que nunca gracias a Stacey y a la redundancia.

Capítulo 6
Recibir para dar

"Te enseñaré a ser dueño de un restaurante con cien mil dólares", dijo Mark Tarbell a la audiencia de empresarios.

Mark es el dueño de Tarbell's, uno de los restaurantes más premiados de Arizona. Junto con Wolfgang Puck y Bobby Flay, es uno de los pocos ganadores de *Iron Chef*. Y ha manejado Tarbell's con éxito durante más de veinte años. En otras palabras, Mark es bueno. Es muy bueno. Así que tal vez tenía algún secreto para ser dueño de un restaurante.

Sentado en el punto ciego dos filas atrás, estaba en mi *asiento de aprendizaje* perfecto: lo suficientemente cerca para ver al orador con claridad, pero no tan cerca como para verle la naríz desde abajo. Los otros asientos estaban llenos de líderes empresariales que habían logrado un éxito masivo. A mi derecha estaba Chris Kimberly (no es su nombre real), el fundador de uno de los corredores de entradas para eventos más grandes de Estados Unidos. No me sorprendió cuando se inclinó más cerca para escuchar a Mark. Chris acababa de comprar cinco restaurantes por, digamos, más de 100 mil dólares.

Mark continuó: "Todo el tiempo escucho que ricos y pobres, empresarios u obreros dicen: 'Algún día me gustaría tener un restaurante o bar. Sería mi lugar ideal. Podría estar ahí cuando quisiera. Podría hacer amigos, tener mi mesa…' Pero la realidad es que un restaurante es como cualquier otro negocio".

"He visto quebrar un restaurante tras otro porque no entienden que hay que construir el negocio desde cero —explicó Mark—.

Necesitas atraer a los clientes adecuados con tu oferta única. Debes asegurarte de que tus márgenes de ganancia sean correctos y dominar el proceso de fabricación para crear alimentos para las masas. Necesitas administrar un inventario perecedero y un personal transitorio. Y debes hacer todo eso de manera eficiente. Incluso si lo logras, tienes alrededor de cinco por ciento de posibilidades de tener éxito. La competencia es feroz."

Sabía que la estadística era bastante correcta. Según CNBC, casi ochenta por ciento de los restaurantes cierra antes de su quinto aniversario y sesenta por ciento en el primer año. La verdad, la mayoría de las empresas nuevas se van al traste en los primeros años y, sin importar los detalles únicos de cada quiebre, la razón por la que fracasan se reduce a lo mismo: no se enfocan en construir sus cimientos.

Mark continuó: "Si quieres tener un restaurante porque crees que será genial o deseas un lugar al cual tus amigos adoren ir o por cualquier otra razón además de dominar el proceso al dedicar tu vida a él, te sugiero que uses el método de los cien mil dólares para comprar un restaurante. Funciona así: encuentra tu restaurante favorito, el que anhelas tener. Ve dos veces a la semana para la cena o el almuerzo y pide tu comida y vino preferido. Asegúrate de dejar cien dólares de propina al mesero. Dale cien dólares al chef. Entrega cien dólares al *bartender*, cien al dueño y cien a la *hostess*. Haz esto dos veces a la semana durante un año. Al final serás el dueño del restaurante. Puedes llamar a las siete de la noche el día de San Valentín y decir: 'Quiero la mejor mesa de la casa' y, créeme, estará ahí esperándote. Serás el dueño del lugar".

El público soltó una carcajada. Bueno, la mayoría. Chris con los cinco nuevos restaurantes no se rio, tampoco los otros dueños de restaurantes. Tomaron abundantes notas sobre el siguiente paso que tenían que dar, tipo de inmediato. También tomé notas sobre la historia de Mark para recordar que querer ser dueño de algo y querer crecer un negocio son dos actividades muy diferentes.

Muchos llegamos a un punto en nuestro viaje del empresario donde pensamos: "¡Maldita sea! He estado jugando con la salud de mi negocio". Es cuando nos preguntamos si queremos ser dueños de algo o hacer crecer un negocio. Cuando cuestionamos nuestras elecciones. Cuando reconocemos y aceptamos que hemos avanzado trabajando largas horas y solucionando bomberazos con la esperanza de que el próximo gran problema resuelva todos los problemas. A menudo ese momento llega después de ver todo lo que necesitamos hacer para apuntalar nuestro negocio. Quizá sientes eso ahora mismo.

Tras completar tu análisis Un Paso a la Vez y revisar las descripciones y escenarios muestra de las Necesidades Vitales en VENTAS, GANANCIAS y ORDEN, quizá tengas tu momento "¡Maldita sea!" al darte cuenta de que tienes mucho qué hacer. Anímate. Que hayas llegado a este momento es señal de que vas por el camino correcto.

Aceptar la realidad es un paso necesario, aunque algo doloroso, para crecer un negocio saludable de verdad. Ahora que ya enfrentaste lo que debes hacer puedes avanzar y cumplir tu destino empresarial. Tienes el conocimiento que necesitas para construir una base tan sólida que casi cualquier sueño sea posible.

Sé que no estás en el negocio porque te quieres ver súper bien o porque tienes ideas grandiosas sobre ser dueño de una empresa, como Mark Tarbell sugirió que pueden ser algunos restauranteros. Eres un bicho raro como yo: en realidad *te gusta* ser dueño de un negocio. No estás jugando a fingir. Estás dentro con todo. Así que, como señaló Mark, estás dispuesto a dominar el proceso de operar tu compañía. Es algo que quieres hacer. Deseas ser excelente en esto y ver que tu negocio crezca y se fortalezca todos los días. Ahora ya sabes cómo.

Por lo general, la visión de tu empresa suele ser más fuerte el día *antes* de abrir las puertas. Es el último día que tu sueño sigue siendo un sueño. Al día siguiente todo se trata de la ejecución y es cuando surgen los desafíos, oportunidades, problemas y soluciones.

En esta gestión cotidiana de nuestro negocio perdemos de vista el sueño. No es que ya no sea significativo, sólo que no importa tanto en este momento como pasar el día. Pero para la mayoría de los empresarios que conozco esta supervivencia diaria se convierte en la nueva norma. El sueño todavía existe (sólo que por el momento lo pones en segundo plano, luego en el armario y después en el ático… con las telarañas).

Tuviste ese sueño por una razón, amigo. Querías tener una vida mejor. O darle a tu familia una vida mejor. Viste una oportunidad de hacer un trabajo que te traía alegría. O viste la oportunidad de controlar tu destino. O, sospecho, querías tener todo lo anterior y más. La buena noticia: sin importar dónde sientas que estás en el viaje del empresario, estás más cerca de tu sueño de lo que crees.

Las etapas de Recibir y Dar de la PNN

Ahora llegamos al *puente musical* de este libro, un breve capítulo en el que te pido que te des un momento y consideres lo que de verdad necesitas para crear un impacto en el mundo y dejar un legado duradero. Igual que en tu canción favorita, el puente es la conexión entre el principio y el final de la melodía. Con VENTAS, GANANCIAS y ORDEN escuchaste el principio. Ahora haremos la transición a los últimos niveles. Pero primero necesitas escuchar este puente…

La mejor taza de café que he tomado en mi vida fue en la Ciudad de Guatemala. Philip Wilson, fundador de Ecofiltro, me daba un recorrido por la zona, mostrándome la hermosa arquitectura y los restaurantes de renombre, cuando nos detuvimos en un pequeño lugar para tomar "el mejor café del mundo". En efecto, lo fue.

Phil es una persona enérgica. Conforme me mostraba las mejoras de la ciudad, irradiaba alegría. Pero no siempre fue así. No, era un tipo muy diferente. Un hombre que se sentaba frente a la televisión para ver acciones en CNBC. Eso fue antes de saber que ochenta por ciento de las familias en Guatemala no tenía agua limpia.

Como Phil explicó, la gente hervía el agua para purificarla, esto implicaba quemar al menos tres troncos al día. El costo era de trescientos a cuatrocientos pesos al mes para hervir el agua y la mayoría de las familias no podía pagar eso. La hermana de Phil empezó una organización sin fines de lucro para ayudar a resolver el problema, pero no podía recaudar suficiente dinero para alcanzar sus objetivos. Phil se dio cuenta de que el alcance del problema no se podía solucionar con donaciones y seguramente no se resolvería centrándose sólo en IMPACTO.

Entonces Phil convirtió Ecofiltro en una empresa social donde las ventas urbanas de filtros de agua financian la distribución de filtros a las zonas rurales a un precio asequible. Ecofiltro tiene un objetivo súper claro: llevar agua limpia a un millón de familias guatemaltecas en áreas rurales para el año 2020. Me complace informar que, mientras escribo esto en 2019, están a punto de lograr su objetivo.

Por desgracia hay muchos esfuerzos nobles que se lanzan sin un plan de sostenibilidad. Estas empresas quieren cambiar el mundo, pero no consideran una fuente sostenible de flujo de efectivo, salud financiera interna o eficiencia. No puedo decirte cuántos negocios con fines de lucro he observado que califican como sin fines de lucro y, la verdad, eso no era lo que pretendían sus fundadores.

Todos son para hacer cosas impactantes, pero ignoran la base de la PNN, algo que todas las empresas, con o sin fines de lucro, deben seguir. Las compañías que ignoran la etapa de *recibir* de la PNN (VENTAS, GANANCIAS y ORDEN) y se centran primero en *dar* (IMPACTO y LEGADO) están destinadas a una lucha eterna en el mejor de los casos o a un cierre rápido (lo más común). Incluso las organizaciones sin fines de lucro necesitan una base saludable porque también son negocios.

Phil siguió la brújula PNN al pie de la letra, aunque lo llamó *buenas prácticas comerciales*. Para crear un impacto en el problema de la calidad del agua en Guatemala, Ecofiltro primero debía apuntar los tres niveles básicos de las necesidades de un negocio: VENTAS, GANANCIAS y ORDEN. Las ventas y ganancias impulsan el buen trabajo que hacen los de Ecofiltro. Garantizar que el nivel de ORDEN esté en su lugar les permite ampliarlo para alcanzar un objetivo que cambie el mundo.

Cuando nos separamos le pregunté sobre su calidad de vida actual. Phil tomó su último sorbo de café y dijo: "Siempre pensé que los negocios consistían en acumular dinero. Pensé que algún día, en un futuro lejano, me convertiría en filántropo. En ese momento dejaría recibir dinero y empezaría a dar dinero. Pero Ecofiltro me enseñó una nueva verdad: los negocios se tratan tanto de recibir como de dar, en sincronía. Debes establecer un negocio donde facilites la creciente demanda, donde seas rentable y eficiente. Hay que seguir obteniendo todas estas cosas para poder dar".

Ya no se enfoca en acumular más dinero. Ahora la vida y el trabajo de Phil están enraizados en el impacto y, al mismo tiempo, sigue ganando dinero. Es curioso cómo funciona, ¿verdad?

"Ni siquiera puedo explicar la cantidad de alegría que me trae este negocio —agregó—. Creo que haré esto por el resto de mi vida."

Estás en este planeta para tener impacto, no lo dudo. Ese impacto no se logra sacrificándote a ti mismo ni a tu negocio. No estamos en un juego de mártires. Debes clavar los cimientos de VENTAS, GANANCIAS y ORDEN para después poder dar al mundo a través de IMPACTO.

En la PNN recibir y dar funcionan así:

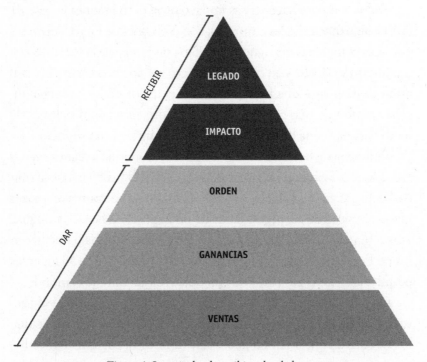

Figura 6. *Los niveles de recibir y dar de la* PNN

Para poder dar de una manera sostenible, primero enfócate en ordenar tus niveles básicos de la PNN. Sé que algunos líderes empresariales no están de acuerdo con esto, en especial los que apoyan el enfoque de dar primero, que algunos expertos promocionan. Tal vez tú también estás moviendo la cabeza ahora mismo. Déjame aclarar algo: no estoy diciendo que la generosidad como valor guía esté fuera de lugar ni sugiero que retribuir no sea importante. Quiero que des, que des tanto que puedas ver mejora significativa en nuestro mundo. *Quiero* que hagas del mundo un lugar mejor. Sólo quiero que tengas una base sólida para hacer ese importante trabajo.

Para recordar, he aquí la forma de usar la PNN como tu lista de verificación para descubrir cuál necesidad básica es la necesidad vital que debes solucionar ahora:

PASO 1. Identifica: Dentro de cada nivel, pon una palomita en las necesidades básicas que tu compañía cumple de manera adecuada para dar soporte al nivel que está encima. Si no satisfaces alguna necesidad de forma adecuada o no lo sabes, déjala sin palomita.

PASO 2. Señala: Evalúa el nivel más bajo que tenga necesidades básicas sin palomita. Es decir, si no marcaste necesidades en GANANCIAS, IMPACTO y LEGADO trabaja en el nivel más bajo de los tres: GANANCIAS. De las necesidades que dejaste sin palomear en ese nivel ¿cuál es la más crucial en este momento? Enciérrala en un círculo. Ésa es tu necesidad vital.

PASO 3. Arregla: Genera soluciones medibles para la necesidad vital encerrada en un círculo. Implementa tus soluciones hasta que hayas abordado la necesidad vital de forma adecuada.

PASO 4. Repite: Ya que arreglaste la necesidad vital, encuentra la siguiente repitiendo los pasos de arriba. Usa este proceso durante la vida de tu negocio para navegar a través de los desafíos, maximizar las oportunidades y subir el nivel de tu empresa de manera constante.

Thomas A. Edison dijo: "Siempre inventé para obtener dinero para seguir inventando". Quizá tu forma de retribuir es seguir innovando y creando ofertas que faciliten o mejoren nuestra vida. Si sólo te enfocas en crear (otra forma de dar), con el tiempo tu negocio colapsará bajo el peso de tus ideas. ¿Por qué? Porque no apuntalaste los primeros tres niveles de recibir.

Comparación versus contribución

Dos fuerzas magnéticas impulsan el dar y recibir de la PNN. Lo vi en la historia de Phil, en la mía y en todos los empresarios que conozco. El impulso principal es el enfoque de su ego en la comparación o el enfoque de su superego en la contribución. Las personas que se centran en compararse y mantenerse al día con otros empresarios siempre vuelven a la base de la PNN. Deben vender más porque necesitan más dinero para mostrar su importancia a través del tamaño. Necesitan más ganancias para recolectar más trofeos, más cosas, más todo. Necesitan un negocio que haga más de manera automática para que puedan hacer más en otros negocios. Esto no es malo; alimenta la economía y genera empleos. Para ser claros, no digo que las personas impulsadas por el ego y la superioridad estén mal. Conozco muy buenos amigos que están en esta posición. Lo que digo es que lo encuentro vacío. No es satisfactorio.

Smiles 4 Keeps, una clínica dental pediátrica en Bartonsville, Pennsylvania, es uno de esos negocios (o *era*). Se atascaron tanto en la fase de recibir que, como resultado, algunos dirían que perdieron su integridad. En 2018 Smiles 4 Keeps envió cartas a los padres que no programaron consultas dentales de rutina informándoles que si no hacían una cita para su hijo, Smiles 4 Keeps los reportaría a las autoridades estatales por *negligencia dental*. En otras palabras, por abuso infantil. La carta que enviaron a los padres *negligentes* que no programaron una visita dental a tiempo terminaba así: "Para mantener a su hijo lo más saludable posible y evitar un informe a las autoridades estatales, llame a Smiles 4 Keeps de inmediato y programe una cita de tratamiento en los próximos treinta días". Esto causó un alboroto entre los padres y fue noticia. Al final, reformularon la carta para que no fuera amenazante, aunque el daño ya estaba hecho. Quizá asustaron a los padres y generaron más ventas, pero ¿a qué costo? Parece que Smiles 4 Keeps trata de forma activa de cambiar su reputación, pero las evaluaciones de 2018 siguen por ahí. Una simple búsqueda en Google de "Smiles 4 Keeps Neglect" entrega páginas y páginas de noticias no tan halagadoras.

Es importante que te revises para que no quedes atrapado en el modo *sólo-recibir*. Muchas compañías nunca salen de los primeros tres niveles. Es una pena. Los empresarios tienen el poder de resolver todos los problemas del mundo. De verdad lo creo. Pero sin el entendimiento de *recibir para dar*, un negocio se inclina tanto hacia sólo recibir que se vuelve canceroso.

El llamado a la contribución tampoco es perfecto. Algunas personas sólo quieren dar y lo hacen a través del sacrificio personal. Se están autolesionando. Confunden el sentimiento de sacrificio con el éxito. Conozco personas como ésas (tú también) y son buenas, pero se centran en la parte incorrecta de la pirámide… en el momento equivocado. Están *dando hasta que duele* y ese dolor los saca del negocio.

Si te sientes obligado a ayudar a ciertos clientes porque te necesitan mucho pero no te pueden pagar, estás a punto de sacrificarte. Y si sigues dándoles a pesar de que la falta de dinero te esté sacando del negocio poco a poco, te sacrificarás por completo. Seguro serás muy generoso, pero no sostenible.

Si cierras tu negocio por donaciones insostenibles, muchos otros clientes potenciales nunca podrán conocerte, comprarte o probarte. El sacrificio personal de dar hasta que duela termina perjudicando a los innumerables clientes que nunca se beneficiarán de lo que ofreces porque tu negocio fue borrado del mapa.

Con nuestro puente musical terminado, volvamos a la melodía principal, ¿quieres? ¡Al nivel de IMPACTO de la PNN!

Capítulo 7

Evoluciona de la transacción a la transformación con impacto

Unos meses después de que saliera mi primer libro, *El empresario del papel higiénico*,[12] estaba sentado en la mesa de la cocina con Krista. Ese día recibí el correo electrónico de un empresario y lo imprimí para mostrárselo. En él compartía cómo había aplicado una de las estrategias de ese libro y vio resultados inmediatos.

Krista leyó el correo dos veces. Primero le echó un vistazo rápido. Luego lo releyó despacio, de manera deliberada, absorbiendo cada palabra. Cuando terminó me miró directo a los ojos y, después de una larga pausa, dijo: "Mike, estás destinado a hacer esto".

El viaje del empresario es una travesía discordante con altibajos extremos. Sabía que mi nueva vida como autor nos había dejado sin saber cómo afectaría nuestro futuro. De hecho, tras perder todo nuestro dinero, la casa y no poder controlar de manera saludable mi depresión funcional (autodiagnosticada), las cosas se pusieron un poco *tensas* entre Krista y yo. Era como si fuéramos corriendo en una carcacha por una carretera sinuosa, con Krista en el asiento del pasajero sin cinturón de seguridad y yo en el del conductor,

---

[12] Escribí *El empresario del papel higiénico* para dar a las nuevas empresas una gran ventaja sobre la competencia. Puedes consultar el libro en ToiletPaperEntrepreneur.com (disponible sólo en inglés).

pero con el volante roto y sin frenos. Terror para el dueño del negocio... horror puro para el cónyuge del dueño.

Por eso, en ese momento, escuchar un voto de confianza de mi esposa significó todo para mí. Saber que apoyaba mi carrera como autor tocó mi alma.

Pero el viaje siguió avanzando (y cayendo), y cuatro años después Krista y yo nos sentamos justo en la misma mesa de la cocina, seguro con la misma comida, enfrentando la dura realidad: para la mayoría de nosotros la autoría (en realidad cualquier viaje empresarial) es una subida muy lenta. Esta vez Krista dijo: "Debes conseguir un trabajo, Mike".

Sus palabras se sintieron como una *puñalada* en mi alma. Conseguir un trabajo es el mayor golpe para cualquier dueño de un negocio. Es la admisión innegable del fracaso completo. Significa que el viaje del empresario terminó. ¡Mátenme con un tenedor! ¡Estoy acabado!

Krista tenía razón. Sí, la autoría era mi vocación, pero también necesitábamos dinero. Para entonces ya había publicado un segundo libro, *El Gran Plan*, y las confirmaciones de los lectores llegaban todos los días. Pero el dinero no. Nuestra situación financiera apenas mejoraba.

Empecé mi primer negocio a la tierna edad de veintitrés años, construí y vendí dos compañías multimillonarias, y por primera vez en casi veinte años estaba buscando trabajo en las listas de empleos. Pronto descubrí que *emprendedor* y *empresario* son las peores credenciales en un currículum, tal vez sólo superadas por *autor*. Nadie quiere contratar a un empresario (y menos a un emprendedor en serie) porque sabe que no estamos destinados a ser empleados. Es muy probable que dejemos el trabajo en busca de otra idea de negocio.

Entonces, para bien o para mal, redoblé mi misión en la vida de erradicar la pobreza empresarial y hacerlo a través de la autoría. Al mismo tiempo debía reconocer que ser autor *era* mi negocio. Había esperado algo casi imposible: el bestseller de la noche a la mañana. Necesitaba tomar lo que sabía sobre el crecimiento de una empresa y aplicarlo a la autoría. No podía concentrarme en el objetivo de cambiar el mundo hasta que cubriera mis necesidades básicas: VENTAS, GANANCIAS y después ORDEN.

De ninguna manera iba a conseguir un trabajo. (Puedo sentir tu *chócalas*, amigo. Sé que lo entiendes.) Y de ninguna manera iba a comprometer a mi familia nunca más con un sueño imposible. Esa noche me di cuenta de que, antes de servir al mundo, necesitaba servirme a mí. Antes de seguir mi instinto para generar IMPACTO tenía que alinear mis instintos con las verdades fundamentales de los negocios y lograr que mis ventas, ganancias y eficiencias se implementaran en ese orden.

Hoy me enorgullece decir que el desquiciado viaje ya no parece tan aterrador. Estamos navegando a un nivel bastante alto (por ahora), sin locos toboganes ni caídas de agua terroríficas. Las palabras de Krista, "estás destinado a hacer esto", fueron proféticas. Tenía razón. Estaba destinado a hacerlo. La razón por la que sigo aquí, presionando a los dueños de negocios, buscando soluciones para simplificar la experiencia empresarial para *ti*... para que *tú* puedas hacer lo que *tú* estás destinado a hacer es porque aparté el instinto, seguí la brújula PNN y cuidé los negocios. Creé otras fuentes de ingresos relacionadas con mis libros y me aseguré de apuntalarlas. El impacto que quieres causar es importante, pero no lo lograrás hasta que todos los niveles trabajen bien. Nadie puede. Estoy seguro.

Te compartí mi historia porque quiero que siempre recuerdes no saltarte pasos o niveles. Cuando arregles un problema, regresa a la base y avanza en la pirámide.

Si tus tres niveles básicos están en buena forma, puedes concentrarte en IMPACTO. Aquí tu oferta ya no sólo es transaccional... es transformacional. La gente ve el bien mayor que ofrece tu organización, tanto en su mundo privado como en el mundo en general. Al satisfacer tus cinco necesidades básicas en el nivel de IMPACTO el precio se vuelve secundario para tus clientes. Ya no preguntan: "¿Es lo menos?" Más bien te dicen: "¿Cómo puedo ser parte de esto?" Ahora consideran más el movimiento o significado que el simple hecho de consumir. En el nivel de IMPACTO construyes gente leal a la marca, embajadores, promotores y miembros para toda la vida, *porque tu empresa está en una misión por un bien mayor.*

Déjame aclarar que cada negocio y oferta deben tener un impacto en tus clientes ideales para que los consuman. ¿La diferencia? En este nivel de la pirámide la administración es la prioridad. Aquí es donde *todos* ganan: tú, tus clientes, equipo, proveedores, industria, comunidad, país y nuestro mundo. Sí, sé que ése es uno de esos Grandes y Hermosos Objetivos Nobles y Audaces (*Big Beautiful Audacious Noble Goals*: Big BANG) que parece fantasía, con resultados difíciles de medir. Eliminar la pobreza empresarial también es un gran objetivo, pero decidí luchar por él hasta que todos los dueños de negocios se levanten de toda la lucha innecesaria para seguir su misión. Y como estoy destinado a hacerlo, lo seguiré haciendo hasta mi último aliento en este planeta. Es una promesa.

El nivel de IMPACTO se trata de vivir tu Big BANG. Quiero aclarar que es tu decisión. Todo se trata de ti y de lo que va contigo. No se necesita servir al mundo entero ni transformar la vida de nadie (como dicen muchas personas). Ésta es tu definición y tienes todo el derecho de cambiarla.

Recuerdo que me reuní con un empresario que había perdido a su esposa por una terrible enfermedad. Me miró con lágrimas en los ojos y con gran angustia dijo: "Mike, el propósito de mi vida es claro. Necesito poner comida en la mesa para mis hijos todos los días… y hacerlo solo. Lo siento, no tengo un Big BANG. Pero esto es lo que debo hacer".

Empecé a llorar (a veces soy demasiado empático) y le dije: "Ése es tu Big BANG, hermano; tu gran propósito en la vida, y es un IMPACTO muy noble que seguro logrará tu negocio. No se me ocurre nada mejor para ti". Dos años después me volví a reunir con él. De nuevo las lágrimas rodaron por nuestras mejillas mientras decía: "Mi Big BANG fue alimentar a mis hijos y mi negocio lo logró. Ahora lo expandí y alimentamos a otros niños con padres solteros. Encontré que el mejor momento de conexión para las familias es durante la cena. Si los padres solteros tienen preparada una comida caliente para que no tengan que preocuparse por cocinar, pueden concentrar más tiempo para la familia y eso cambia el mundo". ¡¿Viste?! El IMPACTO se trata de cambiar tu mundo, según tu definición. No se trata del tamaño de la comunidad a la que sirves; se trata del tamaño de la gratitud que sientes cuando das el regalo.

En este capítulo abordaremos las cinco necesidades básicas que debes cumplir para asegurarte de que estás causando el IMPACTO que te propusiste.

Necesidad 1: Orientación de transformación

Pregunta: ¿tu negocio beneficia a los clientes a través de una transformación, más allá de la transacción?

La cocina sirve a muchas almas y de diferentes maneras. The Lost Kitchen en Freedom, Maine, tiene ocho mesas y una barra por noche. Esto significa que atiende unos cuarenta y cinco clientes para la cena. Es todo. No hay segundas o terceras ubicaciones. No hay desayunos, almuerzos o bufetes dominicales. No hay hora feliz ni fila en la puerta tratando de conseguir una mesa. Ah, sólo están abiertos nueve meses al año… y Lost Kitchen es un éxito notable, si no es que mágico. De hecho, a pesar de su ubicación remota, es uno de los lugares más difíciles de reservar en Estados Unidos.

Tras perder su restaurante y su casa en un divorcio, la chef y propietaria Erin French abrió un restaurante de-la-granja-a-la-mesa con la intención de ofrecer sólo una comida. Quería crear una experiencia de cena-fiesta para mantener el ritmo, los valores y los ideales de la comunidad. Quería que sus clientes fueran los invitados. Quería un restaurante que la liberara de la rutina típica que la mayoría de los chefs soporta sin dudar.

Poco después de abrir, Lost Kitchen recibió elogios internacionales. French recibió tres codiciadas nominaciones de James Beard (como los Óscar para chefs) y publicó su primer libro, *The Lost Kitchen: Recipes and a Good Life Found in Freedom, Maine*, en 2017. Para entonces, gestionar las reservas se había vuelto abrumador para ella y su equipo de quince mujeres. El correo de voz siempre estaba lleno y la gente se presentaba en persona con regalos para tratar de sobornarlas y conseguir una reserva. Una semana recibieron más de diez mil llamadas telefónicas.

French quería una solución al problema que no afectara a su personal y que fuera acorde con la experiencia de cenar en Lost Kitchen. Se le ocurrió la idea de abrir reservaciones diez días al año. Específicamente, del 1º al 10 de abril. Sólo había un detalle: la única forma de hacer una solicitud es enviando una postal, de verdad.

En su temporada 2018 recibieron más de veinte mil postales. Los que tuvieron la suerte de ser elegidos de los contenedores de tarjetas recibieron una llamada telefónica confirmando su reserva. Las postales se convirtieron en parte de la experiencia para el personal. Antes de cada cena alinean las tarjetas de los invitados de esa noche, por lo que los preparativos son personales y esa sensación continúa durante toda la velada. Para muchos comensales Lost Kitchen es una experiencia transformadora que les muestra cómo salir a cenar puede ser hermoso en su simplicidad.

Cuando nos enfocamos en la transformación que queremos proporcionar a nuestros clientes en lugar de en la transacción (hacer una venta), de verdad tenemos un impacto en sus vidas.

OMEM: Orientación de transformación

Digamos que tienes un negocio llamado Súper Grano. Vendes café molido a tiendas locales y a través de tu página de internet. Tus clientes aman tu café, pero quieres más para ellos. Quieres transformar su vida. Aquí está tu OMEM:

1) *Objetivo:* Hacer que tus clientes pasen de sólo beber una buena taza de café a sentir que ese café los lanza a un gran día. De verdad deseas que se sientan transformados e inspirados cada vez que toman su café.

2) *Medición:* En este caso funcionan mejor las evaluaciones no solicitadas. En internet recibes críticas excelentes por el sabor de tu café, pero es todo. ¿Qué pasaría si la gente empezara a publicar reseñas diciendo que tu café cambió su vida? Justo eso medirás.

3) *Evaluación:* Si se necesita, ajustarás algunas estrategias y modificarás las mediciones conforme avances. Por ahora las revisiones llegan a razón de una por semana. Entonces evaluarás los datos de forma mensual.

4) *Modificación:* Tú y tu Formidable y Eficiente Molinillo de Grano (el título de tu COO) elaboran un plan. Usarán una hoja de cálculo simple para rastrear la fecha de la reseña, la calificación y el tema (sabor o transformación). Se les ocurre un plan lograr su objetivo: mezclar restaurantes chinos con galletas de la suerte. A partir de hoy incluirás *mensajes de taza* en cada bolsa de café que vendas. Como cada bolsa rinde más o menos cincuenta tazas, incluyes cincuenta mensajes individuales en un dispensador simple dentro de la bolsa. Cuando tu cliente abre una nueva bolsa de café, el dispensador está en la parte superior con la siguiente instrucción: "Lea uno con cada taza". Mensajes como: "La dulzura de este café te acompañará todo el día"; "Eres más hermosa que el café", "Esta taza te traerá una sorpresa", y "Los mejores momentos provienen de una taza de café y una buena persona. Tienes ambos ahora mismo".

5) *Resultado:* Tu COO llega durante la fase de medición. Hay una fuente de revisiones inesperada: Instagram. Todos los días la gente publica su *café de la suerte*. Entonces agregas Instagram a tu hoja de cálculo como otra cosa qué rastrear. Las reseñas en línea también se acumulan a medida que las afirmaciones

de tu café hacen que las personas piensen en sí y en sus posibilidades para el día. Quizá no estás salvando vidas, pero las estás inspirando. Transformación bien hecha.

Necesidad 2: Motivación de la misión

Pregunta: ¿todos los empleados (incluyendo a los líderes) están más motivados por cumplir la misión que por sus puestos individuales?

Si pregunto "¿recuerdas la semana infernal?" la mayoría de los dueños de negocios pensarán en un periodo agotador en el cual gritaron "¡Todos a cubierta!": cuando todo el personal trabaja veinticuatro horas para sacar un compromiso. Pero la peor semana infernal de mi negocio no se compara con la Semana del Infierno de los Navy SEAL. Tras semanas de entrenamiento agotador de manera física, los candidatos soportan seis días de privación masiva del sueño y acoso físico y mental constante. La Semana del Infierno está diseñada para hacerlos renunciar, porque cuando los SEAL están en combate *no pueden* renunciar o la misión fallará. Si pueden sobrevivir a la Semana del Infierno, entonces pasan a la siguiente fase de entrenamiento. La mayoría no puede, sólo veinticinco por ciento de los candidatos logra pasar.

Durante la Semana del Infierno pasan un día en los Tough Sloughs, un lugar donde el lodo es tan profundo que puede tragarte. En su discurso de graduación de 2014 en la Universidad de Texas en Austin, el almirante de Navy SEAL William H. McRaven contó la historia de cómo él y sus compañeros sobrevivieron esta fase de la Semana del Infierno. Primero bajaron a esa llanura, luego pasaron quince horas sumergidos en el barro, hasta la cabeza. El clima lo empeoró: tuvieron que lidiar con temperaturas de congelación y viento. Quizá la parte más difícil es lidiar con la presión constante de sus instructores para que te des por vencido. Ese día les dijeron que podrían salir del barro si cinco hombres se rendían.

Cuando faltaban como ocho horas para el final, McRaven notó que algunos candidatos estaban a punto de darse por vencidos. Escuchaba el castañeteo de sus dientes entre gemidos murmurados. En su discurso, contó lo que sucedió después.

"Y entonces, una voz empezó a sonar en la noche. Una voz que cantaba una canción muy desafinada, pero expresada con entusiasmo. La voz se convirtió en dos, y luego tres, y en poco tiempo todos los de la clase estaban cantando. Los instructores nos amenazaron con pasar más tiempo en el barro si seguíamos cantando, pero el canto persistió. Y de alguna manera el lodo parecía un poco más cálido, el viento más tranquilo y el amanecer menos lejano."

Este canto recordó al almirante McRaven y a sus compañeros candidatos *por qué* no podían renunciar. Se motivaron para mantener el rumbo y completar la misión. A la mañana siguiente el cien por ciento había sobrevivido a la Semana del Infierno. El almirante McRaven sirvió como SEAL durante treinta y siete años, aunque su título cambió a medida que ascendía de rango. Sirvió en varias guerras, incluidas la Guerra del Golfo Pérsico, la Guerra de Irak y la Guerra de Afganistán. En particular, organizó y supervisó la ejecución de la Operación Neptune Spear, la incursión de operaciones especiales que condujo a la muerte de Osama bin Laden.

Ahora quizá pienses que un negocio no es tan grave como el combate. No es de vida o muerte. Pero para la mayoría de nosotros eso es cierto. Y también es cierto que sin una *canción* que te ayude a atravesar momentos difíciles, periodos agotadores o sólo para *hacer un mejor trabajo*, tu personal y tú pueden querer renunciar. Renunciar puede ser literal (salir de la empresa) o ser esa lenta caída hacia la ambivalencia y la complacencia, lo que hace casi imposible crecer un negocio. Si quieres que tu equipo te ayude a crear un impacto en el mundo, debes darle algo en qué creer: una canción para cantar. Esa canción es la misión de tu empresa.

Cuando entiendas que tu misión es tu canción, tú y las personas que quieran trabajar contigo podrán elegir las melodías que las mueven. El tono repetitivo de "nuestra misión es aumentar el valor del accionista" que tantos negocios dicen suena como un tipo borracho desafinado que canta *Free Bird* en el bar local. Todos hemos escuchado la letra un millón de veces y este tipo cantando seguro no es Lynyrd Skynyrd. Buenas palabras que no motivan a nadie. Pero misiones como la de Make-A-Wish, hacer realidad los deseos de los niños con enfermedades que amenazan su vida, o Tesla, priorizar el medio ambiente a través de productos líderes en la industria que superen a los productos menos ecológicos, sí resuenan en muchas personas. Tu misión es tu melodía. Identifica una que conecte con tu alma y empieza a cantar.

OMEM: Motivación de la misión

Tu compañía hipotética fabrica anillos de plástico para *sixpack*. Ofreces una gran variedad, esto les agrada a tus clientes, quienes parece que seguirán contigo por mucho tiempo. Pero los anillos tienen un impacto negativo en el medio ambiente. Terminan en el océano y la vida marina queda atrapada en ellos. En internet hay una infinidad de imágenes de tortugas marinas atrapadas en los anillos y muertas. Es hora de que alguien adopte la misión de arreglar esto... tu corazón te llama a dar un paso adelante y ser ese alguien.

1) *Objetivo:* Definir que tu misión como proveedor de conveniencia no es a costa de nuestro medio ambiente. Quieres que todos participen, desde los ejecutivos de más alto nivel hasta tu equipo de diseño, y trabajen en la creación de una alternativa más sostenible para los anillos de plástico.

2) *Medición:* Sabes que esto tiene éxito si tus ventas aumentan y la contaminación disminuye. ¿Y si les cambias el color a tus anillos para que las personas puedan identificar de inmediato tu nuevo producto ecológico? De esta manera todos sabrán que son tuyos y, si tienes éxito con tu misión, será muy visible. Claro, si fallas, también será muy visible.

3) *Evaluación:* Quizá tardes años en implementar esto, pero el pensamiento innovador puede empezar hoy. Por lo tanto, primero medirás la frecuencia de las ideas generadas para lograr este objetivo. Una vez que estés en producción, medirás las ventas de tus nuevos diseños y su impacto.

4) *Modificación:* La forma clásica de sincronizar al equipo con un objetivo es mediante marcadores y hojas de cálculo. Pero quieres ser memorable, así que haces una declaración pública. En el área de recepción de tu edificio instalas una enorme pecera de agua salada. Luego invitas a tu equipo a un recorrido especial de tortugas marinas en el zoológico local. El equipo adopta con entusiasmo tu objetivo. Por primera vez en sus vidas, su misión no es ganar más dinero o vomitar más productos. Es ofrecer algo que todos quieren sin lastimar a nuestros compañeros habitantes del planeta Tierra. Las ideas abundan y el equipo está de acuerdo por ser *ese alguien* que toma una postura.

5) *Resultado:* Tu empresa innova unos anillos de *sixpack* biodegradables fabricados con hojas de maíz y una mezcla secreta de otros ingredientes biodegradables. Los nuevos anillos son más caros que el plástico, pero los costos se reducirán. Una integrante del equipo dio una idea mejor que la del cambio de color: un logotipo único. Entonces grabas la imagen de una tortuga marina en cada anillo y te vuelves famoso por ella. Los clientes solicitan a los chicos de los *six-pack-amigables-con-las-tortugas*. Tu negocio crece de manera constante y tu misión es imparable. Con los años, te conviertes en uno de los mayores contribuyentes que apoyan la rehabilitación de la vida marina.

Necesidad 3: Alineación de sueños

Pregunta: ¿los sueños individuales se alinean con la gran visión del negocio?

Amy Cartelli es un miembro crítico de mi equipo de autoría. La contratamos para administrar órdenes y, durante el sabático de Kelsey, Amy dio un paso adelante y creó publicaciones para blogs, manejó las consultas de los clientes y sacó milagros de los sombreros. Trabaja de medio tiempo y solicitó el empleo porque quería tener un poco de tiempo social y un trabajo ligero para romper las partes tranquilas de su día.

Desde el principio, Amy me dijo: "Quiero estar disponible para mi familia". Ése era su objetivo. Su esposo viajaba a menudo por trabajo, su hijo mayor estaba en la universidad y ella pasaba mucho tiempo cuidando a sus padres ancianos. Reunir a toda la familia al mismo tiempo no era fácil, así que las oportunidades para pasar tiempo con ellos podían surgir en el último minuto. Amy ya vivía su sueño: estar con su familia y ser la matriarca que disfrutaba ser. Nuestro objetivo era alinear su trabajo con ese sueño.

Entonces creamos un trabajo para Amy que, si lo dejaba por una semana, podría retomarlo a la siguiente semana o alguien más podría hacerlo mientras ella no estuviera. Lo configuramos para que, literalmente, pudiera reportarse enferma aun si estaba *en* el trabajo. Como resultado, Amy adora trabajar con nosotros y la *amamooooooos*. Cuando viene a la oficina está cien por ciento enfocada en brindar resultados. Y si alguien necesita que lo cubran ella lo hace sin que se lo pidan. Amy lleva años con nosotros (vivimos el fallecimiento de su padre y su batalla contra el cáncer).

Como recordarán, Kelsey tuvo un sabático de ocho semanas. Su sueño es servir a las personas que necesitan ayuda y esperanza. Pero antes de eso su sueño era comprar una propiedad en el bosque. Así que trabajamos en su primer sueño y estructuramos una semana laboral de cuatro días, esto le permitió tener un trabajo de tiempo completo con nosotros y un fin de semana de tres días para trabajar en otra cosa. Ahorró todo su sueldo del otro trabajo para su casa. Sueño cumplido.

La lección es ésta: para cumplir los sueños de tus empleados no necesitas darles dinero. Existen innumerables formas innovadoras y rentables de ayudar a que los sueños de tus colegas se hagan realidad. Primero debes descubrir cuáles son sus sueños.

La autora C. B. Lee escribe novelas de fantasía y ciencia ficción para jóvenes adultos. También escribe el cómic *Ben 10*, que, si tienes diez años, la convierte en una estrella de rock. C. B. tiene un trabajo de tiempo completo que aceptó en parte porque su jefe la apoyó en su carrera de autora. Pudo tomarse tiempo libre del trabajo para promocionar sus libros en Comic-Con y en convenciones de libros. Trabaja como loca por su jefe y él la deja (borra eso, la alienta a) perseguir sus sueños. Sé que no estás sorprendido. Por supuesto, C. B. hace cualquier cosa por su jefe porque él hace cualquier cosa por ella. Así trabajamos los humanos.

Cuando el trabajo de tus empleados está diseñado para alinearse con sus metas y sueños personales, tu gente se desempeñará mejor para ti y no se irá. ¿Por qué? Porque estás causando un impacto en su vida que va más allá de un sueldo y un seguro de salud. Los estás ayudando a crear el estilo de vida que quieren vivir y a convertirse en las personas que quieren ser. Los estás poniendo primero y, como resultado, te ponen a ti primero. Si quieres leer un libro excelente sobre el tema, busca *The Dream Manager* de Matthew Kelly.

OMEM: Alineación de sueños

En este hipotético ejemplo tienes la heladería más popular de la ciudad, The Dairy King.[13] A la gente le encanta la variedad de sabores

---

[13] Éste es un nombre hipotético para la historia y todo lo que escribí sobre The Dairy King es inventado. Pero quiero que sepas que existe una heladería llamada

y la increíble cremosidad que *sólo el rey* puede hacer. La cuestión es que tu personal está ahí por el trabajo. Sí, están orgullosos de trabajar para el rey. Y son muy responsables en el negocio de servicio de alimentos. Pero cuando hiciste el análisis Un Paso a la Vez quedó claro que sus sueños no están alineados.

1) ***Objetivo:*** Hacer que el negocio sirva a tus empleados tanto como a tus clientes. Los empleados están contentos, pero sus trabajos son más un medio de ingresos que cualquier otra cosa.

2) ***Medición:*** Es bastante simple. ¿Tus empleados ven a The Dairy King como un lugar para trabajar o un lugar donde sus sueños se hacen realidad? Una simple encuesta anónima confirma lo obvio: sólo es un trabajo. Un buen trabajo, pero sólo eso.

3) ***Evaluación:*** Esto se desarrollará con el tiempo. Organizarás reuniones trimestrales con los empleados y registrarás el progreso en sus sueños. Luego harás encuestas dos veces al año para ver si The Dairy King se está convirtiendo en un creador de sueños.

4) ***Modificación:*** Designas a tu empleado de toda la vida (el que ha estado contigo durante doce años) el gerente de los sueños y sigues el protocolo del libro de Matthew Kelly, *The Dream Manager*.

5) ***Resultado:*** También tardará en aparecer (de hecho, pueden ser años). Algunos empleados adoran tu objetivo desde el principio; otros están confundidos. Te quedas con eso y The Dairy King gana la reputación de hacer realidad los sueños personales. Después de unos años ya no necesitas publicar anuncios para buscar empleados; la gente quiere trabajar

---

Dairy King en la isla de Long Beach en Nueva Jersey. Es mi lugar favorito. Así que, la próxima vez que visites Jersey en el verano, date una vuelta por Dairy King una noche. Lo más probable es que esté allí. ¡Compremos un helado cremoso y suave!

aquí porque es la plataforma de lanzamiento definitiva para la vida. Es difícil encontrar trabajo en tu empresa porque la gente no quiere irse. Lo mejor es que ahora, en tu comunidad, trabajar en The Dairy King se ve como un honor porque *los sueños de helado* de verdad se vuelven realidad.

Necesidad 4: Retroalimentación

Pregunta: ¿tu gente, clientes y comunidad se sienten empoderados para dar retroalimentación crítica y halagadora?

¿Has visto letreros en algunos baños públicos? No, no los groseros grafitis tipo: "Para pasar un buen rato llama a la mamá de Mike". Hablo de los que están justo al lado de la salida y dicen: "¿Cómo están nuestras instalaciones?" o "¿Qué tan limpio está el baño?" Bajo la pregunta casi siempre hay tres botones. Una es una carita sonriente verde, otra es una cara amarilla neutra y la última es una cara enojada roja. Ese sistema de retroalimentación es poderoso y oportuno porque con sólo presionar un botón, el equipo de limpieza sabe si el baño necesita mantenimiento o no, y puede enviar a alguien a solucionar los problemas de inmediato.

Antes el equipo de limpieza tenía que revisar el baño durante sus rondas regulares. Pero si entre esos controles un baño se ensuciaba, se desbordaba un lavabo o si el equipo de futbol de la escuela secundaria local llegaba después de comer en Taco Bell, los siguientes usuarios vivían una experiencia muy desagradable. Un baño podía pasar desatendido durante mucho tiempo y molestar a muchos clientes. Con el simple sistema de retroalimentación verde, amarillo y rojo conectado a wi-fi los baños son monitoreados por los usuarios. Un flujo regular de botones verdes presionados, con algún amarillo o rojo ocasional, significa que todo está bien; no puedes complacer a todos. Cuando hay un volumen desproporcionado de amarillos o rojos, de inmediato se envía un conserje. Así se aprovecha el ciclo de retroalimentación.

Como compartí antes, la misión de mi vida es erradicar la pobreza empresarial. (Seguro me escuchas tocar un tambor ahora, ¿verdad?) Mi camino para lograrlo es ofreciendo soluciones reales y procesables para los dueños de negocios a través de mis libros y discursos. Pero no es suficiente con poner nuestras ofrendas en el mundo y rezar. Para asegurarnos de tener un impacto necesitamos escuchar a la gente. Debemos saber de nuestros clientes, proveedores, equipo, comunidad. ¿Estamos cumpliendo con nuestro propósito? ¿Nos mantenemos fieles a nuestra misión? ¿Estamos teniendo un impacto en su mundo? ¿En nuestro mundo?

En mi negocio configuré un ciclo de retroalimentación para asegurarme de cumplir con mi propósito. En cada uno de mis libros invito a los lectores a contactarme. Cada solicitud se adapta a la promesa de ese libro. Recibo cartas y llamadas de lectores todos los días y correos electrónicos cada hora. Y déjame decirte que con uno solo que lea, cualquier estrés parece desaparecer.

Esta forma de retroalimentación es poderosa porque es oportuna, directa y me da la oportunidad de responder. Me atrevo a decir que 99.99 por ciento de los correos electrónicos se basa en la amabilidad, pero eso no significa que cada uno sea un cumplido. Algunas personas dijeron que mi libro *Surge* fue un asco. No porque se tratara de un libro o concepto mal escrito *per se*, sino porque me desvié de mis puntos fuertes. En vez de dar una herramienta que simplificara el espíritu empresarial, entré en teoría comercial. Cosas importantes, pero no mi fortaleza, y mis lectores se sintieron lo suficientemente cómodos para decirme la verdad.

Como resultado de esa retroalimentación, desde entonces todos mis libros han sido y serán sólo acerca de proporcionar una herramienta que simplifique un aspecto del emprendimiento, tal como espero hacerlo con *Un paso a la vez*. Hay casos muy raros en los que recibo mensajes desagradables tipo: "Te vistes como idiota y escribes como imbécil. Esos chalecos cursis son horribles y tus *chistes* peores". Ignoro esas palabras y sigo usando mis chalecos cursis y diciendo bromas tontas.

Sólo estoy recibiendo las *presiones* de algunos botones amarillos y rojos, está bien, es de esperarse. Aunque si recibo un número desproporcionado de botones rojos y amarillos, entonces tomo notas, pregunto y ajusto. Pero al menos por ahora recibo un flujo constante de botones verdes. Me encanta escuchar cómo alguno de mis libros le sirvió a alguien de una manera pequeña o grande porque eso afirma que voy por buen camino.

Si es posible, te sugiero que configures un ciclo de retroalimentación que sea consistente con tu *lenguaje de amor*. Si no has leído el bestseller internacional de Gary Chapman, *Los 5 lenguajes del amor* (¡léelo!), la premisa básica es que hay cinco expresiones principales de amor. Cada persona responde mejor a determinado *lenguaje*: palabras de afirmación, actos de servicio, recibir obsequios, tiempo de calidad y contacto físico. ¡Sorpresa! Mi lenguaje de amor son las palabras de afirmación. Como me conozco, configuré mi ciclo de retroalimentación no sólo para medir el impacto, sino para sentirme amado por mis lectores. Mira, sé que puede sonar egoísta, pero en realidad es combustible. Combustible para seguir adelante; para mejorar lo que ofrezco; para cumplir mi misión… Combustible para servir al propósito de mi vida.

OMEM: Retroalimentación

En este escenario administras un hotel boutique en una famosa zona turística. La competencia es feroz, pero tu hotel se reconoce por su atención a los detalles y limpieza sin igual. La pregunta es: ¿estás seguro de que tus clientes lo sienten así? Al hacer el análisis Un Paso a la Vez identificas que tu necesidad vital es la retroalimentación.

1) **Objetivo:** Implementar un sistema donde recibas comentarios integrales de los clientes sobre la limpieza y el orden de tu hotel. Aunque eres conocido por esto, quieres elevar tu juego y establecer un objetivo de *jamás una almohada fuera de lugar*.

2) **Medición:** En vez de recibir evaluaciones hasta que el huésped se va, quieres informes en tiempo real. Diseñas tu medición con base en el sistema verde, amarillo y rojo de algunos baños públicos. Esto permite que los usuarios informen al personal sobre el estado del baño al presionar un verde (limpio), amarillo (necesita limpieza pronto) o rojo (¡el baño está asqueroso!). Me pregunto dónde aprendiste sobre esto... No importa, tu sistema será más simple: sólo verde o rojo. Tu edificio está impecable o no.

3) **Evaluación:** Es un sistema en tiempo real. Hora por hora, minuto a minuto, tu hotel debe estar perfecto.

4) **Modificación:** El gerente ya está verificando todas las áreas y, podrías agregar, haciendo un gran trabajo. Necesitas completar las revisiones más rápido, pero contratar un empleado nuevo no está en el mapa. Entonces, tu gerente sugiere que configures una aplicación roja/verde. Todos los huéspedes pueden bajar la aplicación gratuita y si notan algo que no les emociona, tocan el rojo y el conserje les envía un mensaje de texto para tomar medidas inmediatas. Pero los huéspedes no se quejan mucho, porque la experiencia es muy buena. Necesitas encontrar los momentos *meh*. Así que decides usar una versión del comprador secreto: las personas dispuestas a caminar por el hotel durante dos horas y hacer arreglos en el acto (como recoger un cabello suelto en el suelo y tirarlo a la basura o notar un chirrido en una puerta e informar de inmediato al personal de mantenimiento) se ganan créditos para una noche gratis o algunas bebidas en el bar. Si completan cien horas, su nombre se agrega a la placa de *Guardianes* en la pared.

5) **Resultado:** Los lugareños, en especial los meticulosos, mantienen tu hotel impecable. Tu reputación de excelencia se observa en las evaluaciones, pero eso no es nuevo. Lo nuevo es que ahora la ves desde huéspedes y medios de comunicación.

Necesidad 5: Red complementaria

Pregunta: ¿tu negocio colabora con proveedores (incluyendo competidores) que atienden a los mismos clientes para mejorar sus experiencias?

Soy un tipo ahorrador en muchos aspectos. En general evito las cafeterías porque puedo hacer mi propio café barato, muchas gracias. Aun así, una tienda local me atrapó y ganó mi atención. Cuando entré en Boonton Coffee Co., un chico muy delgado con un bigote aún más delgado que el de Vincent Price me saludó. (Si no sabes quién es Vincent Price, nunca has visto una gran película de terror.)

Pedí un té chai y me dijo: "Señor, le sugiero que vaya a la cafetería que está más adelante. ¡Su té es increíble! Luego me explicó por qué el chai de la competencia era el mejor y cómo llegar. Y al final agregó: 'Pero por favor, siéntase bienvenido aquí. Vuelva con el té y quédese aquí. O si gusta le puedo preparar otra cosa. Sólo no tenemos chai".

Me conformé con un café. El tipo del bigote lo preparó y me dijo: "Éste va por nuestra cuenta, ya que no es lo que quería". ¡Wow! Entonces me di cuenta de que Boonton Coffee Co. no está en el negocio de vender café. Venden confort. No les importa si voy al *otro lugar* para tomar un té chai. Saben que volveré a buscar mi café. Ahora, sé lo que estás pensando: ¿por qué no empiezan a ofrecer té chai? Claro que podrían, pero sería su primer paso para comprometer el nivel de ORDEN de la PNN. Para ser un maestro y dominar en cualquier cosa debes concentrarte en tu única cosa. Su única cosa es el café, no el té. Sospecho que saben que el día en que Boonton Coffee Co. se convierta en Boonton Coffee & Chai Tea Co. empezará su marcha por el peligroso camino de jabalíes del generalista (el que no es especialista, ¿recuerdas?). Saben que siempre tendrás mayor impacto al dar al cliente justo lo que necesita, *incluso* si es de un competidor. O, en el caso de Santa Claus, *en especial* porque es de un competidor.

¿Recuerdas la película *Milagro en la calle 34*? Si no, agrégala a tu lista de *películas que debo ver* junto a las películas de terror de Vincent Price. En este clásico navideño Santa Claus (el *verdadero*) consigue un trabajo de Santa Claus en la tienda Macy's. La mayoría de la gente se enfoca en la trama de la historia: debe demostrar que es el verdadero Santa Claus para mantenerse alejado del manicomio, pero hay una escena particular que me llama la atención. Parte de su trabajo en la tienda era informar a los padres dónde podían encontrar los juguetes que sus hijos habían pedido, sólo que el verdadero Santa no seguía el protocolo. Si el mayor competidor de Macy, Gimbels, tenía patines de mejor calidad o un carro rojo más barato, les decía a los padres que los compraran en la otra tienda.

Al principio el gerente de Macy's estaba furioso. ¡Todos esos clientes potenciales saliendo por la puerta! Luego se corrió la voz de que Macy's estaba tratando de transformar el estrés de las compras navideñas de sus clientes al darles al menos un poco de alivio con mejores recomendaciones. De repente Macy's se inundó de clientes. Las ventas se dispararon y la fila para ver a Santa salía por la puerta.

Claro, sólo es una película, pero te sorprendería lo similar que es en la vida real. Ya sea en mi cafetería local o en Progressive Insurance (permite comparar tarifas con otras compañías para ver si puedes conseguir un mejor trato), aceptar a tus competidores y otros proveedores complementarios genera confianza con tus clientes. Cuando buscas tener el mayor impacto en tus clientes contigo o sin ti, la apreciación que tienen de ti se dispara. ¿De qué maneras puedes colaborar con otras organizaciones que sirven a tus clientes?

Antes de pensar que éste es uno de esos ejemplos que *sólo pasan en las películas*, déjame recordarte que Amazon abrazó a su competencia a lo grande. En vez de intentar superar a los vendedores, decidió asociarse con ellos. Ahora casi cualquier persona puede tener presencia de comercio electrónico en Amazon. Incluso cuando un cliente elige un proveedor en un sitio afiliado, Amazon gana. Obtiene un porcentaje de las ventas y se reconoce por ser la tienda en línea para todo, desde hilo dental hasta casas pequeñas. (Ah, escuché que todavía venden libros.) Además, Amazon también sirve como centro de logística o distribución para algunos proveedores, esto significa que gana aún más dinero por tarifas de logística (almacén, oficina, empaque, envío, etcétera) de lo que lo haría si almacenaran los mismos productos. Entonces, cuando ves "Distribuido por Amazon", significa que salen ganando.

OMEM: Red complementaria

Supongamos que eres un florista de eventos especiales. Vendes diferentes arreglos para bodas, fiestas de cumpleaños y otras celebraciones. Tu análisis UPV indica que la necesidad vital es una red complementaria. ¡Es hora de OMEM!

1) **Objetivo:** Quieres tener el mayor impacto en tus clientes al dedicarte tanto a su celebración como a ellos. Sí, siempre entregarás flores espectaculares, pero lo más importante es asegurarte de que su celebración sea lo mejor posible, incluso si no incluye tus servicios.

2) **Medición:** Conforme profundizas en los niveles de IMPACTO y LEGADO, descubres que es más difícil obtener datos cuantitativos. Más bien hablamos de datos cualitativos, como la buena voluntad y reputación de la marca. Claro, esto no lo hace menos importante por ningún motivo, sólo dificulta su rastreo. Decides confiar en los comentarios de los clientes y las evaluaciones en línea, porque ahí esperas obtener reseñas más directas. Sí, las ventas también deberían aumentar con el tiempo. Pero por ahora sólo evaluarás cómo se sienten los clientes.

3) **Evaluación:** Entregas flores para unas tres celebraciones por semana. Como tal, las reseñas no aparecen con la misma frecuencia. Las mides de forma mensual, pero no ves mucha

adherencia ahí. Por lo tanto, decides medir el tamaño de tu red de proveedores complementarios y luego empezar una campaña de seguimiento con tus clientes para ver cómo fueron las referencias. Este cambio en las mediciones te sirve y puedes ver la adherencia que tienes.

4) **Modificación:** Las evaluaciones en línea terminan siendo un fuerte indicador de tu progreso. Observas comentarios como: "Este florista fue más allá que cualquier otro proveedor con el que haya trabajado", y tu favorito: "Mi florista tenía más contactos y me ayudó más que mi planificador de bodas. ¡Increíble!" También tienes un plan de seguimiento para hablar con tus clientes y saber qué proveedores no funcionaron. En efecto, algunos fueron fastidiosos. Los eliminas de la lista y sigues construyendo tu red sobre una premisa simple: tu empresa sólo trabajará con otros proveedores que se preocupan por la celebración tanto como por el cliente.

5) **Resultado:** Te precede una maravillosa reputación de servicio. Tienes una red notable de especialistas, incluida una empresa que crea candelabros personalizados para eventos. Sólo se dedican a eso y se especializan en megacelebraciones. Resulta que te convirtieron en su florista más recomendado.

Un Paso a la Vez en acción

Como autor comercial, mi mayor privilegio es observar la trayectoria del viaje empresarial de un lector a lo largo de los años. Para mí, el viaje de Jesse Cole y su equipo, los Bananas de Savannah, ha sido increíble.

Escuché por primera vez del equipo de beisbol cuando me contactó el dueño: Jesse Cole. Había leído la primera edición de *La ganancia es primero*, la implementó en sus negocios y, gracias a su compromiso con el proceso de ganancias y a hacer lo que otros en la industria no hacen, los Bananas de Savannah han tenido un éxito sin precedentes. Han vendido las temporadas completas de 2017, 2018, 2019 y 2020.

Estuve en varios juegos y tuve el honor de hacer el primer lanzamiento en uno de sus juegos en 2018. Muy al loco estilo Savannah Banana, me cambiaron la pelota de beisbol por un papel higiénico (homenaje de Jesse a mi primer libro, *El empresario del papel higiénico*) segundos antes de salir al montículo del lanzador. Todas esas horas practicando el lanzamiento, día y noche, bajo el sol y las estrellas... *no* dieron resultado.

Jesse y yo nos volvimos amigos. Comemos, disfrutamos una larga conversación, incluso Krista y yo pasamos un fin de semana en su casa en Tybee Island, Georgia. Jesse también se convirtió en mi conejillo de indias para cualquier nueva herramienta empresarial que desarrolle. Por eso fue uno de los primeros dueños de negocios a los que me acerqué con el análisis Un Paso a la Vez.

Para preparar el escenario (cof cof... campo de béisbol), en 2019 el equipo de beisbol los Bananas de Savannah superó los 3.5 millones de dólares en ingresos, tenía doce empleados de tiempo completo y ciento cincuenta de medio tiempo. Son los líderes de la liga en asistencia, ingresos, ganancias y muchas otras categorías.

Jesse hizo el análisis y palomeó todas las necesidades en los niveles de VENTAS, GANANCIAS y ORDEN. Al pasar por IMPACTO puso tres palomitas en orientación de transformación. No hay duda de que entregaba verdaderos juegos de beisbol; daba a las familias un tiempo sano, divertido y sin pantalla. De verdad, los Bananas de Savannah transforman la vida de familias y personas.

Cuando Jesse terminó de revisar el nivel de IMPACTO, había una casilla que no tenía palomita: la red complementaria. Había progresado en esa área, pero estaba incompleta. Entonces se puso a trabajar. Primero definió el resultado que quería y observó un gran éxito que ya había logrado en esta categoría: la cerveza.

Jesse está en este negocio y lo ve a largo plazo. Quiere expandir la marca y hacerla crecer fuera de los límites del estadio. Si metiera a la gente con un calzador, tal vez podría ampliar la asistencia de cuatro mil a cinco mil personas. Jesse sabía que su capacidad de impactar a las personas en el estadio se había agotado, pero si podía extender la marca fuera de los límites del estadio, podría transformar muchas más vidas. Descubrió que el camino para hacerlo era a través de vendedores complementarios.

El año anterior llegó a un acuerdo con Service Brewing Co. en Savannah, Georgia, para elaborar la cerveza Bananas de Savannah sin regalías. La empresa cervecera no necesitaba pagar por el logotipo o el nombre, sólo tenía que fabricar y enlatar la cerveza sabor plátano y venderla en los juegos. Las cervezas volaron de los estantes. Service Brewing Co. tuvo un éxito instantáneo en sus manos y el equipo de beisbol otra forma de experimentar la cultura Bananas de Savannah. Entonces dio en el blanco… o mejor dicho, abrió los ojos a lo que estaba justo delante de él: exposición en televisión.

Debido a la singularidad de los Bananas de Savannah, algunos programas de televisión muestran al equipo de forma regular. ESPN sigue presentándolos más que a cualquier otro equipo. Jesse dijo: "Me di cuenta de que podíamos hacer no sólo una red complementaria, sino una red literal".

Con su necesidad vital señalada, Jesse no tenía que buscar y llamar por teléfono. Sólo revisó todas las solicitudes pasadas. En el montón de consultas de medios de comunicación había una nota de una compañía llamada Imagine Entertainment.

Jesse devolvió la llamada cuando la temporada de beisbol estaba a punto de terminar. Para los dos últimos juegos de la temporada 2019 Jono Matt, un productor de Imagine Entertainment, estaba sentado en las gradas y lo asimilaba todo. Escribió una presentación para una comedia. Si alguna vez has visto *Arrested Development*, piensa eso, pero con beisbol.

De las casi quinientas presentaciones diferentes que llegan a Imagine Entertainment, se seleccionan veinte para desarrollarlas más a fondo. Y sólo una tuvo un voto unánime para ser la primera opción. Sí, adivinaste… los Bananas de Savannah.

La historia se trabajará mientras se imprime este libro, así que tú y yo nos veremos del otro lado si la serie se materializa. Dicho esto, tiene una oportunidad real. Tiene una oportunidad real de cambiar millones de vidas porque los propietarios de Imagine Entertainment son Brian Grazer y Ron Howard. Los creadores de *Arrested Development*, *Una mente brillante* y algunas de las mejores películas y programas de televisión de la época moderna.

Los Bananas de Savannah están a punto de extender su impacto de manera radical porque Jesse identificó la necesidad vital de su compañía y concentró su energía allí. Como si no lo supieras, a veces, cuando le pones atención a algo, resulta que había estado frente a ti todo el tiempo.

Capítulo 8

Inicia el legado eterno de tu compañía

No sólo era una bala de cañón... ¡era una ciudad perdida completa! (Esto tendrá sentido más adelante.)

Cuando empecé a usar la PNN estaba seguro de mis tres niveles básicos (VENTAS, GANANCIAS y ORDEN), pero algo se sentía incompleto. Mi corazón decía que faltaba algo. Muchas empresas eligen trabajar siempre en estos tres niveles. De hecho, un viejo amigo mío (que no tendrá nombre para proteger al culpable) ha construido un negocio que sólo tiene ventas sostenibles: ha crecido año tras año durante más de veinte años. Es súper rentable. El negocio funciona justo como un reloj. Él sólo va a trabajar *para hacer algo con su tiempo*.

Le pregunté cuál era su plan y respondió: "Creo que me voy a retirar por completo en los próximos años, cuando cumpla cincuenta". "¿Y luego?" "Jugaré golf casi todos los días. Quizá dos veces al día."

No quiero sonar a juez otra vez, pero mi sentido de araña dice que su plan no funcionará como él cree. Creo que llegará un momento, mientras camina hacia el hoyo dieciocho por centésima vez, en que se preguntará: "¿Esto es todo lo que hay?" Recuerda que mencioné este inevitable momento en el capítulo 6. He visto innumerables hombres y mujeres dominar los primeros tres niveles de construcción de su negocio y luego retirarse a la nada. Por fin tienen todo lo que siempre soñaron... y *ése* es el problema. El sueño se acabó. ¿Ahora qué?

Claro, estás en tu derecho de tener un negocio que sea un cajero automático que sólo escupa dinero sin tener que hacer nada. Estás en tu derecho de iniciar negocio tras negocio y vivir dentro de los primeros tres niveles de ganar dinero, tomar dinero y beber *mai tai* todo el tiempo. Pero nuestro viejo amigo Maslow pondrá los ojos en blanco si sólo hacemos eso, porque no viviremos la autorrealización. Para que eso pase, debes saber que hay dos niveles más. Yo no tenía idea, pensaba que cuando lograra que mi negocio funcionara de manera automática había terminado. ¡Ay! No sólo era una bala de cañón… ¡era una ciudad perdida completa conectada a ella!

En abril de 2017 un adolescente caminaba por el campo en Kansas y encontró una bala de cañón. Era muy vieja… antiquísima. Las autoridades locales notificaron a los expertos en arqueología y de inmediato la identificaron como una bala de cañón conquistadora, usada en ataques contra la población indígena. Después, *bajo* la bala de cañón, encontraron… nada más y nada menos que… la ciudad de Etzanoa. Toda una ciudad perdida de nativos americanos escondida en Kansas.

Justo eso sentirás cuando experimentes los dos niveles más altos de la Pirámide de Necesidades de los Negocios (PNN): IMPACTO y LEGADO. Comparados con los tres niveles básicos… estos dos niveles son del tamaño de una ciudad. ¿Por qué? Pues porque en estos niveles más altos el negocio y *tú* pasan de recibir a dar. Aquí te das cuenta de que estás en el planeta para contribuir de una manera única, específica para ti. Aquí te das cuenta de que tienes la oportunidad de tu vida. Como emprendedor, tienes la plataforma para influir en innumerables otros de forma permanente.

Un gran cambio de mentalidad ocurre en estos niveles. Primero debes dominar los básicos de VENTAS, GANANCIAS y ORDEN. Luego darte cuenta de que tienes un poder para el bien de tu comunidad, tu país, nuestro mundo. Entonces decidir si quieres jugar a este nivel.

Cuando transformas y construyes un legado, tu negocio se fortalecerá mucho en ventas, ganancias y orden porque, como dirían los Hermanos Caradura, estás en "una misión divina".

IMPACTO y LEGADO importan, pero sólo cuando hay un cambio en tu mentalidad. Si estás feliz y satisfecho como dueño de un negocio acumulando riqueza y comodidad... ¡Súper! Significa que lo mejor es funcionar en los primeros tres niveles de la PNN. Pero si de pronto algo cambia en ti, tienes una especie de revelación (como yo) y te das cuenta de que algo mucho más grande está ocurriendo... entonces estás listo para jugar en los cinco niveles. Si ahora mismo te estás preguntando: "Esto es todo?", en definitiva, estás listo para IMPACTO y LEGADO.

No sólo es una bala de cañón, compadre. Hay una metrópolis en pleno auge esperando que la descubras.

Legado, como lo defino, no se trata de cuánto dinero, fama o poder tienes. El legado se logra de manera muy efectiva tanto a través de la distribución de la riqueza como susurrando las palabras que alguien necesita escuchar justo en el momento correcto. No se requiere acumular millones, aunque puedes usarlos para mantenerlo. El legado no se trata de ti. Es sobre lo que dejas atrás.

En un negocio, el legado consiste en seguir teniendo impacto más allá de la participación activa. Es cuando te das cuenta de que el negocio que empezaste, creciste, atendiste e hiciste todo a tu alcance para que tuviera éxito... en realidad nunca fue sobre ti. Es cuando te das cuenta de que el negocio era impactar de manera positiva en el mundo. Es cuando te das cuenta de que tu trabajo es mantenerlo vivo sin ti. Y es cuando te das cuenta de que, en realidad, nunca fuiste *dueño* del negocio... siempre fuiste su representante, su administrador.

¿Quién fundó Coca-Cola? ¡No busques en Google! No, el fundador no fue Dr. Pepper. Apuesto a que no sabes quién y no te importa. Eso no significa que Asa Griggs Candler no haya dejado un legado. Todos sabemos que Coca-Cola continúa hoy más fuerte que nunca, por lo que Candler fue un éxito de legado masivo. Apple sigue sin Steve Jobs. Mary Kay marcha sin Mary Kay. Los entrenamientos de Dale Carnegie continúan sin él. Levi's, Walmart y muchas otras compañías viven mucho después de que sus fundadores se mudaron o fallecieron... y justo eso querían sus fundadores. En el nivel de LEGADO de la PNN, el negocio se vincula a la misión y propósito de la organización (no al fundador). Seguro esa misión y propósito se originaron con el fundador, pero ya no se asocian con él. En otras palabras, el legado tiene todo que ver contigo y nada que ver contigo. Fundaste tu empresa, la construiste a través de sangre, sudor y lágrimas... y ahora tu trabajo es garantizar que siga viva mucho después de haberla dejado atrás. Incluso puede vivir mucho después de que hayas dejado esta tierra.

Como líder, tú defines cómo quieres que tu empresa cambie el mundo (IMPACTO) y cómo te asegurarás de que la misión se cumpla para siempre sin ti (LEGADO).

Necesidad 1: Seguimiento de la comunidad

Pregunta: ¿tus clientes defienden, apoyan y ayudan al negocio de manera entusiasta?

Recuerdo mi última llamada con Burt Shavitz, cofundador e imagen de Burt's Bees, la compañía de cuidado de la piel de un billón de dólares que empezó con su famoso bálsamo labial de cera de abejas. Era un tipo excéntrico, por decir lo menos. No tenía celular ni teléfono en su pequeña cabaña en Maine. Para comunicarme con Burt tuve que llamar a cierto restaurante local en un día específico a determinada hora y preguntar si estaba cerca y disponible para hablar. Charlamos varias veces y compartí sus fascinantes estrategias de crecimiento en mi libro *Surge*. En esas conversaciones aprendí más sobre cómo él y su socia comercial, Roxanne Quimby, iniciaron la compañía... y cómo terminó vendiéndole sus acciones por menos de 130 mil dólares. En la época en que hablamos ya lo habían eliminado por completo de Burt's Bees salvo por su imagen, que se sigue usando para vender la marca. Clorox compró la compañía por 925 millones de dólares y vivió una desagradable demanda con su antigua socia comercial.

En nuestra última llamada, Burt lamentó el destino de su compañía. Ahora era una máquina corporativa gigantesca y, en su opinión, había perdido la esencia de lo que Burt creía y quería: simplicidad.

Antes de colgar por última vez, le pregunté:

—Burt, si pudieras hacerlo de nuevo, ¿qué harías?

—No lo haría —respondió.

No encuentro una forma más sucinta de decirlo. Si no te defines y te preparas para tu legado, éste continuará… pero no de la forma que querías.

El legado no se trata de generar público o ganar millones. Se trata de dejar tu marca intencionalmente de la manera que imaginas. ¿Cómo quieres cambiar el mundo, incluso si tu mundo sólo son tu comunidad o amigos? En el nivel de LEGADO de la PNN defines qué quieres dejar como tu marca, estableciendo una estructura para que eso pase y luego saliéndote, en tus términos.

Burt falleció en julio de 2015. La comunidad que lo amaba no era la que compraba Burt's Bees de Clorox. Los nuevos clientes de Burt's Bees Cloroxado no se unieron para recuperar la simplicidad de la que hablaba Burt. No hubo indignación cuando la marca abandonó sus ideales fundacionales. Si la calidad del producto disminuyera, los clientes sólo lo abandonarían en vez de reunirse para ayudar a solucionarlo. Es sólo una marca, tal vez tendrá éxito en las próximas décadas. Pero no era lo que Burt quería.

OMEM: Seguimiento de la comunidad

Supongamos que eres el fundador y CEO de Ahumados Ahumadoriles. Fabricas excelentes asadores y ahumadores eléctricos que cocinan las carnes más tiernas del mundo. Tus VENTAS, GANANCIAS, ORDEN e IMPACTO lo demuestran. Pero el análisis Un Paso a la Vez señala que no tienes comunidad *per se*. Hasta ahora. Es hora de OMEM.

1) **Objetivo:** Crees que las excelentes comidas son el núcleo de las grandes familias. Como dicen: "Una familia que come unida, permanece unida". Más allá de tu negocio, quieres que este importante mensaje perdure para siempre. Sabes que tienes la oportunidad de que tu empresa sea la bandera que lleven tus clientes.

2) **Medición:** Has visto que otras marcas exitosas evolucionan en comunidades. BMW y Harley-Davidson tienen carreras. El desarrollador de juegos Blizzard tiene su legendaria BlizzCon, "la reunión más épica del planeta". Incluso la Asociación Tierra Plana tiene su reunión anual de locos, en algún lugar cerca del borde del planeta (no se vayan a caer). Por lo tanto, quieres medir el número de reuniones que tienen tus clientes en las que tu producto está al frente y al centro. ¿Reuniones familiares? ¿Días de campo? ¿Festivales de comida?

3) **Evaluación:** Tardarás en desarrollar esto. Decides que empezarás en tu propio evento anual.

4) **Modificación:** Pones al tanto a tu equipo y buscas retroalimentación. Estás de acuerdo en que necesitas una junta de asesores, clientes seleccionados que sean francos y conocedores de tus ahumadores. Luego planeas tu primer evento anual: "La gran reunión de Ahumadoriles". Tu objetivo es tener concursos, música, actividades y todo centrado en un momento familiar.

5) **Resultado:** El primer evento es un éxito pequeño, asisten unas cien personas. La participación fue muy inferior a lo que esperabas, pero la charla posterior valió la pena. Al parecer una sesión improvisada donde los chefs compartieron recetas que sólo se pueden hacer en un ahumador Ahumadoriles le encantó al público. Fue entonces cuando viste el foco prenderse: los chefs compartiendo sus recetas e historias familiares. Conforme las reuniones se hicieron más y más grandes, lo que sucedió al margen fue lo más importante. La magia sucedió en tu tercera reunión, cuando un miembro de comunidad decidió declarar una nueva fiesta nacional de *cena familiar* y encabezó la tarea.

Legado instaurado (¡por tu comunidad!). Incluso cuando tu empresa lanzó nuevos modelos y descontinuó los antiguos, los *ahumadorileanos* empezaron foros sobre la conservación de modelos antiguos para servir cenas familiares durante años o décadas. Te convertiste en el Airstream de los ahumadores y asadores, gracias a tu comunidad. El legado está listo para vivir.

Necesidad 2: Transición intencional del liderazgo

Pregunta: ¿hay un plan para que el liderazgo cambie y se mantenga fresco?

Dos años después de publicar la edición revisada y ampliada de *La ganancia es primero* me invitaron a dar el discurso de clausura en una importante convención de negocios, con más de diez mil asistentes. Antes de hablar me gusta tantear el evento y la audiencia. Por eso, cuando puedo, me doy una vuelta por la convención durante unas horas y me mezclo con la multitud. Seguro no te sorprende que pocas personas me reconozcan antes de subir al escenario. Soy un autor, después de todo. Quizá reconocen el título de un libro, pero no la imagen del tipo con un chaleco en la solapa interior de una sobrecubierta. Pero después de un discurso *todos* te reconocen, porque estabas en el escenario.

En esta conferencia en particular me senté junto a un tipo que no me reconoció (sin sorpresa). Cuando me acomodé en el asiento me tocó el hombro.

—No creo que nos hayamos visto antes —dijo en voz baja—. ¿Qué tipo de trabajo hace usted?

—Soy autor —respondí en un susurro elevado.

Sus ojos se iluminaron y dijo:

—*Tiene* que leer este libro —redoble de tambores mientras adivinas qué libro va a decir—, está increíble, se llama —ahora espera, espera un momento, esperaaaaaaaa—… *La ganancia es primero*.

Mi corazón rebosante y mi ego lleno bailaron de alegría ¡Ah! Este chico súper agradable que acabo de conocer *me está recomendando* mi libro, pensaba con una sonrisa interna. No podía esperar para lanzar la bomba de que ¡estaba hablando con el autor! Oh, la sorpresa que estaba a punto de ver en su rostro.

Antes de que mi enorme ego revelara que escribí el libro, me dijo:

—Lo escribió Cyndi Thomason.

¡¿Qué?! ¿Una aguja grande y puntiaguda? Listo ¿Un enorme globo de ego? Listo. Explota mi gran globo de ego.

Vaya… escribí el libro (dos veces) y presenté la metodología miles de veces y este superimbécil pensó que alguien más lo había escrito. Estaba aturdido. Mi ego estúpido y gordo se aplastó (más o menos un minuto). Entonces algo cambió en mí y me llené de alegría. El globo empezó a inflarse.

Verás, Cyndi es Profit First Professional (PFP)[14] y autora de *Profit First for eCommerce*, uno de los libros complementarios de *La ganancia es primero* enfocados en determinados nichos de mercado. Cyndi también es una de las PFP capacitadas y autorizadas para dar mi discurso (sí, el mismo contenido) en sus eventos y en otros.

Le agradecí al hombre maravilloso por su (excelente) recomendación y luego fui a *backstage*. Mientras esperaba mi turno, noté que mis brazos tenían la piel de gallina. Me entusiasmó que *La ganancia es primero* fuera una idea que se extendiera más allá de mí. Estaba emocionado de que otros ahora lideraran la idea. En la actualidad, Profit First me pertenece tanto como a Cyndi Thomason, John Briggs, Shawn Van Dyke, Chris Anderson, Drew Hinrichs, Katie Marshall, Mike McLenahan y muchos otros que están escribiendo libros autorizados de *La ganancia es primero* y suben al escenario para *difundir la palabra* (sueno al nuevo mesías, pero no te emociones, no lo soy).

---

[14] Profit First Professionals es una organización de contadores y asesores certificados en la metodología Profit First. Para obtener más información, visita ProfitFirstProfessionals.com (disponible sólo en inglés).

Aquel día en aquel evento me di cuenta de que sólo soy un *administrador* de Profit First. Ahora le pertenece al mundo. Sabes que creaste un legado cuando abandonas la propiedad y obtienes más entusiasmo por la forma en que la idea sirve a otras personas que cuando estás apegado a ella.

Para ser claros, no dejo que otros PFP ni nadie más tome mi idea y diga que es suya. Eso es plagio y robo. Por desgracia, tuve que emprender acciones legales contra una empresa que pretendía ser la creadora de *La ganancia es primero*. Esas personas son ladrones. Cyndi no; ella es *administradora* como yo. Me encanta que esté ahí, afuera, compartiendo el proceso con las atribuciones adecuadas. Adoro que profesionales de contabilidad y negocios con experiencia en diferentes nichos estén adoptando el concepto fundamental que desarrollé y creando nuevas ideas y adaptaciones. Quiero que Profit First sea parte de un viaje de mejora continua para los empresarios. El hecho de que un tipo superincreíble y al azar piense que Cyndi escribió mi libro es prueba de que eso ya está sucediendo.

¿Tienes un plan para que las personas asuman el liderazgo cuando te muevas? ¿Cómo se difundirán tus ideas innovadoras sin ti? Éstas son las preguntas que debes hacerte si quieres satisfacer tu necesidad básica de LEGADO.

OMEM: Transición intencional del liderazgo

En esta situación hipotética, imaginemos que tienes una agencia de publicidad. Después de diez años y una tenacidad constante para arreglar las cosas correctas en el momento adecuado, tu negocio creció hasta tener una base sólida desde VENTAS hasta LEGADO. Te encanta trabajar para ello, pero hay una cosa que te gusta más: dar a tus clientes (pequeñas empresas) ventajas en publicidad sobre los grandes jugadores en el mercado. Tu objetivo es asegurarse de que tu empresa pueda seguir cumpliendo su promesa, incluso cuando no estés ahí. ¡Hora de OMEM!

1) *Objetivo:* Tu intención es tener una agencia de publicidad que siga creciendo y sirviendo a su legado, sin importar el líder. Estableciste la misión de dar a las pequeñas empresas una gran ventaja. Ahora tienes treinta y cinco empleados y necesitas establecer un plan para que los líderes lo continúen.

2) *Medición:* Se trata más de la preparación que del tiempo. No tienes plan de retirarte a corto plazo, pero sabes que las circunstancias de la vida cambian en un santiamén y, para que el negocio continúe, debes estar listo. Entonces, la primera métrica es: ¿Tienes un plan? Y la segunda: ¿Lo estás llevando a cabo?

3) *Evaluación:* Este proceso no sucederá de la noche a la mañana, pero se puede elaborar un plan. Estableces metas provisionales para ciertos objetivos, luego un plan de transición del liderazgo, después los candidatos a preparar y, al final, un nuevo líder para presentar. Lees los pros y contras de las transiciones, como la de General Electric de Jack Welch a Jeff Immelt. Por fuera se veía bien, pero por dentro estaba lleno de ego y conflicto. Trata de averiguar todo lo que puedas, implementa lo que funcionó y establece parámetros para evitar conflictos de transición.

4) *Modificación:* Éste es un esfuerzo de equipo, con todos tus líderes involucrados. La transición significa que muchas personas cambian. La pregunta constante a tu equipo es ¿cómo mantenemos nuestra misión sólida y nuestro equipo ejecutivo fluido? Algunos sugieren un mandato de presidencia, como un país democrático. Por agradable que parezca, esto no es una democracia. Tu equipo concluye que las personas que han vivido la misión desde dentro de la empresa y tienen la capacidad de ser preparados serán los mejores líderes posteriores. Analizan la historia de Kat Cole, la exmesera de Hooters que se volvió vicepresidenta de Hooters. Luego se convirtió en presidenta de Cinnabon, antes de que la promovieran a presidenta de Focus Brands (la compañía dueña de Cinnabon, Moe's, Auntie Anne's y muchas marcas más).

5) *Resultado:* El proceso está listo y los líderes potenciales identificados. Pero todavía sigues y seguirás dirigiendo el show durante un largo rato. Después de todo, amas lo que haces y el negocio es el mejor. Los líderes nuevos se están preparando tan bien que, si no tienen la oportunidad de reemplazarte en los próximos cinco años, los presentarás a otras compañías para que los consideren. Tu objetivo no es mantenerlos en espera, sino continuar desarrollando líderes para las empresas que desean construir su propio legado positivo y tener algunas personas listas cuando tu compañía necesite un nuevo líder.

Necesidad 3: Promotores con la camiseta puesta

Pregunta: ¿la organización es promovida por personas (dentro y fuera del negocio) que no necesitan dirección?

¿Alguna vez has visto el programa *Brooklyn Nine-Nine*? Es una comedia sobre el Distrito 99 en Brooklyn, protagonizada por Andy Samberg, el chico que se hizo famoso por los cortos de video en *Saturday Night Live*. *Brooklyn Nine-Nine* fue retomado por Fox en 2013, y aunque obtuvieron elogios de la crítica y un seguimiento de culto, la cadena canceló el programa después de cinco temporadas.

El 11 de mayo de 2018, cuando se supo la noticia de la cancelación, los fanáticos devotos se lanzaron en masa a las redes sociales. Crearon un hashtag en Twitter (#SaveB99) y publicaron de manera implacable sobre el programa en múltiples plataformas. También crearon una petición para que Fox cambiara de opinión. Lin-Manuel Miranda, el creador de *Hamilton* (éxito de Broadway), firmó al igual que muchos otros admiradores notables. El 12 de mayo, justo un día después de la cancelación, el creador del programa anunció que NBS había retomado *Brooklyn Nine-Nine*. Los fanáticos salvaron su programa.

El punto aquí es que la comunidad estaba llevando el negocio. No era Andy Samberg coordinando una protesta. No fueron los productores del programa quienes le pidieron al público que firmara una petición. Más bien la audiencia no permitió que el programa desapareciera.

En fechas recientes hemos visto nuevas versiones de programas antiguos, por ejemplo: *Full House* y *Will and Grace*. Es el siguiente nivel de poder de los fans. ¿Crees que esos programas volverían a transmitirse tras su cancelación si sus fanáticos no estuvieran viendo repeticiones y participando en eventos en línea o sin conexión? No. Gracias a Netflix y otros servicios de transmisión, los programas antiguos tienen audiencias nuevas y jóvenes.

Pensé en el vínculo entre generaciones activas de fanáticos cuando vi la presentación de Marc Freedman. Es autor de *How to Live Forever* y su discurso fue sobre la construcción de relaciones que abarcan generaciones. Creí que hablaría sobre los avances en investigación con células madre, el reemplazo hormonal, diferentes técnicas bioquímicas y genéticas... y una pequeña dosis de *hacer más ejercicio y comer más sano*. Pero se centró en estudios que muestran que relacionarse con generaciones más jóvenes extiende la esperanza de vida.

Cuando Marc completó su discurso se hizo evidente para mí que los negocios exitosos (empresas con longevidad) también conectan generaciones de forma deliberada (generaciones de *consumidores*). Esa conexión está anclada a través del amor y el afecto. La pregunta es: ¿cómo colmar a tus clientes de amor y afecto para que tu negocio continúe por generaciones? ¿Cómo hacer que presuman de manera activa y emocionada de sus conexiones contigo? Lo haces a través de historias; de símbolos; de lenguaje especializado; de puntos de reunión...

Disneyland se trata de diversión familiar y Mickey Mouse lo representa. Fanáticos con la camiseta (de Mickey y los otros personajes) bien puesta transmiten el mensaje. Los puntos de reunión son los parques temáticos. Starbucks tiene puntos de reunión: sus tiendas. Tienen su propio lenguaje, como *venti, grande, frappuccino*. Tienen sus símbolos, colores y apariencia. Todo eso hace que los clientes leales se vuelvan más leales. Empiezan a llevar el ambiente de Starbucks a sus hogares. En casa tenemos tazas de Starbucks, café de Starbucks y me atrevo a decir que mi esposa tiene una playera de Starbucks (o diez).

¡Cómo te explico! Harley-Davidson tiene gente tatuándose el logotipo de la compañía. Jimmy Buffett tiene personas bebiendo margaritas asquerosas (confía en mí, conozco mis margaritas) en sus bares de Margaritaville, porque las personas se han convertido en *cabezas de loro* (el lenguaje de la comunidad). CrossFit tiene un montón de cosas, lenguaje y puntos de reunión. Al igual que *Saturday Night Live*, Southwest Airlines, y la lista continúa. Cada una de estas marcas tiene una comunidad de seguidores, promotores y fanáticos, personas que ven lo bueno, el impacto que tiene el negocio y se sienten obligadas a correr la voz. Se convierten en evangelistas.

La televisión, el cine y las comunidades literarias prosperan con los fanáticos que se identifican como parte del *fandom* de un programa. Las comunidades de seguidores tienen espacios en línea donde escriben *fan fiction* sobre su programa favorito. Tienen congresos y convenciones (*cons*) donde se visten como los personajes, se encuentran con los actores y saludan a los creadores del espectáculo.

Un rápido agradecimiento a mi admirado Maslow por esto. En su pirámide de necesidades humanas señaló la importancia de pertenecer. El tercer nivel de la pirámide es la necesidad de estar en una comunidad, ser parte de algo. Las marcas exitosas crean una comunidad única para sus clientes. Estas empresas, a través de sus acciones y de lo que representan, llenan a sus clientes de amor, afecto y pertenencia. Al final del día eso es lo que la gente realmente quiere. Y cuando lo obtiene de una buena compañía o un programa de televisión, lo grita a ronco pecho porque es parte de algo.

OMEM: Promotores con la camiseta puesta

En este escenario, supongamos que tienes un museo de rarezas y peculiaridades. Un poco como el de Ripley's, pero con un giro. Cada rareza representa alguna forma de triunfo. Puede ser natural, humana u otra, pero en todos los casos tus piezas logran una victoria inesperada. Una de ellas es una muñeca vestida con una máscara de gas, encontrada en el desastre nuclear de Chernóbil. En este caso la victoria es de la naturaleza. Los científicos estimaron que la vida tardaría veinte mil años en regresar al sitio. Pero después de treinta años la vida silvestre está prosperando. Incluso con un desastre humano catastrófico, la Madre Naturaleza encontró la manera de recuperarse. Te encanta el mensaje de triunfo y sabes que para que el museo siga vivo tus patrocinadores deben querer correr la voz.

1) **Objetivo:** Provocar que el legado sea el mensaje de triunfo. Para hacerlo, capacita a tu comunidad para que difunda el mensaje del museo y, lo más importante, hacerlo tú también.

2) **Medición:** La experimentarás en internet. Es probable que también veas otras indicaciones, como el aumento de las visitas al museo. No está claro de antemano, por eso planeas avanzar con mucha atención y medir lo que se presente. Conforme evalúas tu progreso, seguro ajustarás las mediciones para lograr tu objetivo.

3) **Evaluación:** Es difícil elegir un periodo porque no tienes idea de cuánto tardará tu objetivo en hacerse realidad. Y no sabes cómo medirlo bien. Entonces el plan es sólo empezar y luego discutir tus observaciones una vez al mes.

4) **Modificación:** Hablas con tu equipo de curadores sobre cómo lograr que la comunidad se involucre o se apropie de lo que hacen. Surgen dos ideas geniales. Una es alentar a los clientes a adquirir una nueva etiqueta: *curadores del triunfo.* Al finalizar una visita al museo le entregan al cliente un pequeño folleto que lo invita a asumir ese papel. El trabajo es

identificar ideas potenciales de exhibición de todo el mundo, notificarte y ayudarte a conseguir los artículos cuando sea posible (y permitido). La segunda idea combina perfecto con la primera. Cuando se selecciona un artículo se le pone una placa de agradecimiento dándole crédito al colaborador.

5) **Resultado:** La mayoría de la gente no quiere ser curadora, sólo quiere ver cosas raras. Pero unos pocos seleccionados (mejor dicho, autoseleccionados) ven la gran misión de bondad que sale de tu museo: no se trata de cosas raras, sino de caminos inesperados para triunfar. Esas personas asumen sus nuevos roles de voluntariado. Aunque las visitas aumentan, no es indicativo de que tu museo esté generando la permanencia que quieres, pero hay algo más. Los *curadores del triunfo* se están tomando el título en serio. Algunos empezaron páginas de internet sobre su trabajo. Un sitio web se volvió tan popular que se tradujo en un negocio de tiempo completo para el *curador del triunfo*. Después de tres años la comunidad selecciona más artículos que tu equipo y estás seguro de que tu museo crecerá gracias a ella. El hecho de que al menos un negocio más se haya lanzado sobre tu tema inspirador… es el mejor indicador de que tienes un legado en construcción.

Necesidad 4: Dinámica trimestral

Pregunta: ¿tu negocio tiene una visión clara de su futuro y, dinámicamente, se ajusta de forma trimestral para que dicha visión se haga realidad?

La dinámica trimestral es el concepto simple de ajustar los parámetros de tu negocio cada noventa días para avanzar de manera más eficiente hacia tu objetivo. Igual que el método *cambio de bordada* que usan los marineros para capturar el viento (energía) alrededor de su velero, la dinámica trimestral es un método para realinear con frecuencia todos los elementos de tu negocio. En resumen, en el cambio de bordada primero defines el objetivo, tal vez una isla a pocos kilómetros. Luego configuras las velas para aprovechar los vientos y moverte de forma más directa hacia la isla mientras navegas alrededor de obstáculos como bancos de arena, otras embarcaciones y ese monstruo gris de *Tiburón 3-D* que comía barcos enteros. Tras una corta distancia, vuelves a alinear el bote girando en la otra dirección, lo suficiente como para capturar el viento, y avanzas hacia adelante de nuevo, hacia la isla. Pero esta vez el bote se compensa en un nuevo ángulo, aprovechando el viento (y evitando obstáculos). Hace esto de forma continua para zigzaguear hacia la isla. Cambiando de bordada, el velero siempre llega a la isla, aunque no en línea recta. Por lo tanto, está en el negocio. A veces queremos recorrer un camino directo hacia nuestros objetivos, pero en realidad es más un zigzag a medida que aprovechamos los vientos (el mercado) y navegamos alrededor de obstáculos (competidores, economía, etcétera).

Para dominar el nivel de LEGADO tu negocio debe ser capaz de reinventarse y realinearse. Fíjate en LEGO, la compañía de juguetes famosa por cautivar a los niños con coloridos bloques entrelazados con los que pueden construir las estaciones de bomberos y los barcos piratas de sus sueños, y por hacer que los padres maldigan en voz alta (directamente frente a sus hijos) cuando pisan uno de esos pequeños implementos plásticos de dolor. LEGO existe desde 1932. A finales de los noventa estuvieron cerca de la bancarrota (en parte) porque las personas veían su línea de juegos de construcción LEGO como algo del pasado, para niños y no podían competir con el mercado de juguetes que cambiaba con rapidez.

LEGO mejoró sus sistemas, redujo costos y en 2011 renovó su marca para que fuera más inclusiva. Ahora sus sets atraen niños y niñas. Luego apareció *La gran aventura LEGO*. Esa película lo cambió todo. Además de ganar alrededor de diez mil millones de pesos en todo el mundo, la película y su secuela posicionaron a la compañía como algo más que una marca de juguetes. Ahora era una franquicia. Bloomberg señaló que en 2015 LEGO tuvo un aumento de ingresos de treinta y uno por ciento, alrededor de veintisiete mil millones de pesos.

OMEM: Dinámica trimestral

Bienvenido a tu hipotética empresa que necesita una ayudadita: Hela té. Fabricas el mejor té helado del país, eso no se puede negar. Tus ventas son fuertes, las ganancias predecibles, ya dominaste todas las necesidades del nivel de ORDEN y estás transformando vidas. ¿Cómo? Transformando el té helado en casi una ceremonia, similar a compartir el café con un amigo. El desafío ahora es el estancamiento. El análisis de Un Paso a la Vez señala la necesidad de que tus líderes adopten dinámicas trimestrales en toda la organización. ¡Vamos a hacer el OMEM!

1) **Objetivo:** Evitar el estancamiento no sólo en tu producto, sino en cualquier parte de tu organización. Esto necesitará que cada departamento desarrolle su plan de dinámica trimestral. Cada parte de tu negocio debe ser capaz de adaptarse de manera dinámica (pero coherente) a la organización más grande.

2) **Medición:** Por suerte, ésta es simple. ¿Cada departamento distinto tiene un plan trimestral? Es decir, un plan de noventa días que los acerca más a sus objetivos generales. Al final de este periodo los departamentos vuelven a sincronizarse para ver cómo sus acciones se apoyan (u obstaculizan) entre sí y luego hacen ajustes.

3) **Evaluación:** Como líder de la organización, debes apoyar de forma activa la comunicación, armonía y discusión productiva entre los departamentos. Entonces, en realidad tu ritmo son registros semanales para asegurarte de que la comunicación

fluya, luego registros de noventa días para confirmar que los departamentos de la compañía hacen los zigzags correctos para elevar todo el negocio.

4) **Modificación:** Ésta es una oportunidad de liderazgo. Comunicas la gran visión a los líderes de los departamentos, la discuten y se comprometen. Luego estructuras las métricas para respaldar el logro de la gran visión con el apoyo total de cada departamento. Al mismo tiempo enfatizas la importancia de los departamentos para apoyarse mutuamente, incluso si eso significa retrasar sus objetivos para ayudar a otros a alcanzar los suyos y elevar la visión de la empresa.

5) **Resultado:** Requiere mucha comunicación activa y, como líder de tu empresa, tienes dos grandes roles: capitán de animación y director de comunicación. Sigues predicando la misión como si tocaras un tambor y mantienes a todos hablando de ayudar a los demás a tener éxito. Entonces ocurre la magia. El departamento de ventas ve afectados sus objetivos porque los de servicio tienen un inconveniente inesperado. El departamento de ventas estaba en camino a tener su mejor año, pero las fallas en los equipos de servicio causaron largas demoras y clientes insatisfechos. Entonces, el departamento desaceleró sus ventas de forma intencional y redirigió a los clientes a otros lugares porque ¡era lo mejor para el cliente y el departamento de servicio! Una gran táctica en torno a un gran problema potencial. Para la mayoría de los líderes felicitar al departamento de ventas cuando las cifras bajan parece extraño. Pero para ti el hecho de que las ventas estén más preocupadas por el éxito y la reputación general de la compañía en lugar de sólo alcanzar los números demuestra que tienes verdaderos jugadores en equipo.

Necesidad 5: Adaptación continua

Pregunta: ¿el negocio está diseñado para adaptarse y mejorar de manera constante, incluyendo encontrar formas de hacerlo?

Todo lo que funciona para tu negocio en este momento seguro dejará de servir en un futuro y será reemplazado por algo nuevo (enfoque, tecnología, equipo o roles en tu empresa). La máquina de escribir cedió al teclado, que luego dio paso a los convertidores de voz a texto, que se convertirán en los frutos de la investigación que se hace en este momento, algo así como un procesador de pensamiento a texto o algo más que ni siquiera imaginamos. La pregunta es: ¿tu negocio está preparado para un cambio difícil o imposible de predecir? No puedes dejar un legado si tu empresa muere porque no está preparada para lo inesperado.

Como autor, quiero asumir que los libros existirán durante siglos, pero ese pensamiento es una trampa. Sólo porque algo lleva siglos existiendo (o está bien establecido de alguna otra manera) no significa que continuará. Por eso estoy experimentando con la conexión uno a uno, formas en que los lectores pueden acceder a mí de forma directa para obtener respuestas personalizadas a sus preguntas. En este momento lo hago por medio de los correos que me envían cada hora, pero no puedo responder cientos de correos todos los días, así que no es sostenible. No sé cómo lo lograré, pero el punto es que lo estoy considerando. Estoy reflexionando la cuestión y experimentando soluciones. No espero que nada permanezca inmutable.

Mi mente va directo a Netflix. En sus orígenes enviaba películas por correo y pasó a la demanda por internet. Siguen transformándose ya que ahora las películas se descargan en tu dispositivo inteligente para que puedas verlas en la tableta mientras vuelas. Esto, a su vez, ha provocado cambios para las aerolíneas. Cada vez menos aviones tienen pantallas integradas, ya que las intercambian con soportes especiales para tu dispositivo donde ves videos descargados de Netflix o televisión en vivo a través del wi-fi del avión. Sospecho que un día Netflix (o alguna otra compañía que se transforme) tendrá algún tipo de implante conectado a tu cerebro para que puedas experimentar la película al ser parte de ella. Muy al estilo *Total Recall* o *Black Mirror*. Lo único constante es el cambio.

Nintendo se transformó de un fabricante de tarjetas a un líder en consolas de videojuegos. Wrigley hizo la transición de una compañía de jabón a una de chicles. Los humildes comienzos de NASCAR vienen de los fabricantes de alcohol ilegal que necesitaban una forma de mover sus mercancías en autos rápidos para que no los alcanzara la policía; después se transformaron en carreras legales a velocidades ridículas frente a cien mil personas bebiendo alcohol ilegal. La lección es: si no logras cambiar, fracasarás. Por lo tanto, el cambio debe integrarse en la esencia de tu negocio.

OMEM: Adaptación continua

¡Felicidades! Al fin tienes el bar que siempre soñaste como ejemplo. Lo llamas Domo Fan y es un bar deportivo único. Tiene una pantalla masiva como de sala de cine y los asientos son similares a dos secciones de un estadio. Entras por la parte de arriba y bajas las escaleras hasta un pasillo donde eliges ir a la derecha o izquierda. Un lado es para el equipo local y el otro para los visitantes. Los meseros sirven comida y bebidas como en los estadios, subiendo los escalones y gritando: "¡Chelas! ¡Chelas frías!" Todo mientras se transmite el juego en la megapantalla.

El análisis Un Paso a la Vez muestra que tu necesidad vital es una adaptación continua. Vamos. Tienes un último OMEM en ti. Lo sé.

1) ***Objetivo:*** Quieres que sea un gran éxito desde el principio porque ningún otro bar ha hecho algo así antes. Dicho esto, para que tu negocio se convierta en un legado debe estar preparado para lo inesperado y ajustarse de forma acorde.

2) *Medición:* Tienes un plan de dinámica trimestral para tu equipo de liderazgo y aquí agregas una pieza final importante. No sólo analizarás los desafíos y oportunidades para seguir adelante en los próximos noventa días, sino que, en equipo, analizarán el objetivo final establecido. Se preguntarán si es hora de reinventarse por completo. Para hacerlo tienes un plan simple: Utopia Corp (Corporación Utopía).

3) *Evaluación:* Ahora, con tu plan trimestral, cada noventa días preguntas y argumentas: "¿Estamos en el negocio correcto?" Pones atención a todas las ideas: lo bueno, lo malo, lo feo… (¿escucho la música de Ennio Morricone?)

4) *Modificación:* Usando el ejercicio de Utopia Corp., pones a tu equipo a desarrollar planes de negocios para nuevas compañías fantasma con un objetivo en mente, borrar Domo Fan del mapa. Luego, cada equipo presenta su plan a todos, compartiendo sus estrategias únicas para que Utopia Corp. supere a Domo Fan. Es la última sesión de lluvia de ideas, enfrentando a tu empresa contra sí misma. Una idea es sólida: no todos los juegos tienen una asistencia equilibrada. A veces obtienes noventa por ciento o más de los fanáticos de un equipo. Entonces, una idea de Utopia Corp. es establecer barandillas de pasillo ajustables para que el equipo más representado obtenga una sección más grande. Otra idea es un parteaguas: tu equipo se da cuenta de que muchas asociaciones de antiguos alumnos se reúnen en el bar y llenan las gradas por completo, con el deseo de acercarse lo más posible a la experiencia del estadio. Consigues porristas para animar a los fanáticos y, a cambio, reciben comida y bebida gratis. El negocio se está transformando y haciendo eventos tipo estadio sin la necesidad de ir al estadio.

5) *Resultado:* El proceso de repetición muestra que no es necesario modernizar el negocio en su totalidad, pero sí genera ideas como *recompensar* a los fanáticos por usar cosas de sus equipos, animar a la multitud y establecer seguridad para los

pocos juegos en que las personas pueden volverse hostiles. Aunque no hay señal de alerta roja que muestre la necesidad de una renovación total del negocio (todavía), el hecho de que trabajes en el plan de dinámica trimestral cada noventa días les da (a ti y a tus líderes) la seguridad de que están buscando más allá que sus competidores.

Un Paso a la Vez en acción

"Tin, tin", sonó mi teléfono cuando recibí un mensaje de texto de Mike Agugliaro. Es el fundador del CEO Warrior, una organización de capacitación e implementación de alto nivel para dueños de empresas de servicios como compañías eléctricas, frigoristas, plomería, aires acondicionados, entre otras. Abrí el texto y había una foto de Hulk flexionándose y rugiendo. "Tin, tin", el siguiente texto decía: "Esto es revolucionario, Mike. Es el mejor sistema que he visto de ti".

Acababa de dar un discurso sobre el sistema Un Paso a la Vez a un grupo VIP de dueños de negocios y Mike estaba en la audiencia. Me ha contratado para presentar la conferencia inaugural de su evento CEO Warrior unas tres veces al año durante los últimos diez años, así que conoce muy bien mi trabajo. He presentado *La ganancia es primero* diez veces, *El sistema Clockwork* cinco veces, *El Gran Plan* cinco veces y una mezcla de mis otros libros y conceptos. Mike siempre asiste, incluso en la décima presentación de *La ganancia es primero*. Escucha y toma una corriente incesante de notas.

Ésta fue la primera vez que Mike me vio hablar sobre Un Paso a la Vez. Introduje la PNN y al instante estaba garabateando, haciendo preguntas y compartiendo sus pensamientos. Se comprometió a hacer el análisis Un Paso a la Vez justo allí en el evento. Mike lo abrevió así: identifica la cosa que tendrá el mayor impacto positivo en tu negocio y toma medidas inmediatas al respecto (¿te suena familiar?).

A la mañana siguiente recibí un correo electrónico que detallaba cómo usó la pirámide, lo que descubrió y qué iba a hacer. Decía:

¡La pirámide es oro! Fue súper útil: me dio mucha claridad sobre nuestras próximas oportunidades de crecimiento. Me encanta lo visual que es y la puse sobre mi escritorio.

Antes de pasar por la PNN creía que necesitábamos mejorar la visión y comunicación de nuestro equipo de liderazgo y gestión y construir mejores estructuras (como organigramas corregidos y procesos simplificados).

Al revisar la tabla afirmé lo que ya sabía. Tenemos VENTAS, GANANCIAS y ORDEN bien establecidos. Mi negocio es predecible, pero no quiero que sólo sea un cajero automático para poder hacerme el loco todos los días. Quiero cambiar vidas o, como tú lo dices, transformar vidas. Tenemos la fase de IMPACTO firme. Nuestros clientes se convierten en creyentes de lo que enseñamos, no sólo en ejecutantes de lo que enseñamos. Y con ese compromiso vamos transformando negocio tras negocio.

Ahora veo que estamos en LEGADO. ¿Cómo configuro mi empresa para que siempre transforme vidas sin que dependa de mí? Noté esto:

Con base en las preguntas en la tabla, tenemos la siguiente comprensión/conocimiento de LEGADO:

- Ya logramos los puntos primero y quinto de LEGADO (seguimiento de la comunidad y adaptación continua).
- Estamos bien en los puntos segundo, tercero y cuarto de LEGADO, pero vemos la oportunidad de mejorar. En especial, aclarando nuestro plan de transición de liderazgo, creciendo nuestra comunidad de promotores y aclarando nuestra visión para el futuro.

Esto afirmó lo que ya sabíamos, pero nos dio claridad al reducir nuestro enfoque dentro del nivel de LEGADO a las subcategorías que hacemos bien frente a las oportunidades para mejorar. Ahora, con esta claridad enfocada, crearemos un plan feroz para resolver las tres piezas, empezando con la primera necesidad vital que identifiqué en LEGADO.

Ahora también me doy cuenta de que esto no es una escalera, sino un bucle. Trabajaremos para lograr el LEGADO por completo.

Luego, a medida que sigamos creciendo, reconozco que en el futuro las versiones más grandes de nuestro negocio pueden necesitar ajustes de rumbo en todos los niveles conforme escalamos nuestras ventas, ganancias, orden, impacto y legado. Por lo tanto, a medida que dupliquemos el tamaño, volveremos a cada nuevo nicho que atendemos (que por lo general nos da de 3 a 5 millones de dólares) para asegurarnos de que vamos por buen camino y que perseguimos cada oportunidad en cada nivel.

Siento que por fin tengo una estrategia simple, viva... que respira. Diario recurriré a ella. Y seguro te veré dar otras quince charlas de este tema. Necesito que el discurso inaugural del próximo evento sea sobre esto. Los empresarios deben escuchar estas cosas y, la verdad, quiero tomar más notas.

Casi nunca veo a Frank Minutolo. Fue mi primer asesor de negocios y me ayudó a navegar por las aguas del crecimiento y venta de dos de mis empresas. Ya no da asesoría empresarial y, mientras vive el ocaso de su vida, ayuda a niños necesitados. A principios de este año nos sentamos a desayunar en un restaurante local. Mientras comíamos hablamos sobre el viaje de su vida hasta ahora. Trajo Konika, una compañía japonesa, a Estados Unidos y la expandió a dos mil millones de pesos en ingresos anuales. Entrenó a docenas de emprendedores y empresarios. Tuvo una maravillosa esposa y mejor amiga.

Le dije:

—Frank, has tenido tanto éxito. Eso debe traerte alegría.

—El éxito me ha enorgullecido —afirmó mirándome a los ojos—. Trabajar con niños en riesgo… eso me trae alegría —luego hizo una pausa y agregó—: Puedes ser exitoso, pero ¿importarás?

Mis ojos y mi corazón se abrieron ese día. Eso es. El éxito, como lo deseo, es crear algo que impacte a otros y que tenga la capacidad de seguir causando impacto mucho después de que me vaya. Así defino el legado. Quizá elijas la misma definición. Haz algo que importe y configúralo para que siga mucho después de tus años crepusculares.

Conclusión
Tú puedes y lo harás

Tomas Gorny tiene una de esas historias de sueño americano buenas para película. Nació en Zabrze, Polonia, y se mudó a Estados Unidos cuando tenía poco más de veinte años para perseguir su sueño. Tenía un fuerte acento polaco, se trababa y pronunciaba mal algunas palabras en inglés, entonces entraron en acción los prejuicios y suposiciones y la gente asumió que era *lento*. Pero Tomas usó todo eso como una ventaja.

—Sólo porque hablo despacio no significa que piense despacio —me dijo.

Tomas aplicó una estrategia de *hacerse el tonto*. Los competidores ignorarían su capacidad de cumplir o mejorar sus ofertas y compartirían *secretos* por arrogancia. Justo cuando el otro tipo pensara que tenía lo mejor del Tomas *lento*, él regresaría con términos que le dieran el mejor trato.

Tomas expandió varias compañías de cientos de millones de dólares y luego las vendió. Pasó de la bancarrota a miles de millones y ahora está concentrado en su legado. Tiene algo que demostrar: el sueño americano es real y accesible para todos.

En la actualidad, Tomas opera Nextiva, una compañía de VoIP. Si caminas por los pisos de este negocio de 350 millones de dólares, verás un ambiente relajado lleno de empleados humildes… algunos con fuertes acentos… que son muy, muy inteligentes. Se ganaron el derecho de caminar con sus egos al frente. Pero toman como modelo a Tomas y se mantienen enfocados en obtener el mejor trato. No les preocupa lo que otros piensen de ellos.

Tomas y su equipo entienden algo que quiero que leas con mucha atención: la PNN no es una escalera para subir. Más bien son como los pedales de una bicicleta. Presionas un pedal que moverá las ruedas y luego el otro. A veces frenas, otras corres, pero siempre tienes que mover los pedales para avanzar.

He aquí como funciona la PNN para Nextiva:

Ventas

- Tomas identificó un producto que empodera a las pequeñas empresas: sistemas telefónicos. Esto estaba enraizado en su misión: el chico pequeño (el chico *lento*) necesitaba una forma de competir con el chico grande (el acosador). Sí, VoIP ya existía, pero un sistema telefónico sofisticado que fuera tan bueno, si no mejor, que los grandes sistemas corporativos… era una ventaja.
- Cuando Nextiva comenzó, Tomas la operaba en una oficina del tamaño de una minivan. Toda su concentración estaba en cómo lograr que alguien fuera el primer comprador. Pista: para cualquier negocio nuevo, el primer cliente es casi siempre el más difícil, pero Nextiva aseguró los clientes que necesitaba para avanzar.

Ganancias

- Con ventas sostenibles, Nextiva aseguró que su estructura de rentabilidad fuera sólida. Esto se consideró desde la primera venta. Pero cuando lograron el nivel de VENTAS, Tomas profundizó más en el nivel de GANANCIAS para asegurarse de que habían optimizado los precios para ser competitivos y generar ganancias permanentes. Nextiva compite con los grandes proveedores de VoIP, como Verizon y Ring-Central.

Al momento de escribir esto, Nextiva es el tercer mayor proveedor de VoIP en Estados Unidos.

- A pesar de que Nextiva se aseguró de que el nivel de GANANCIAS fuera fuerte, regresaron al nivel de VENTAS y lo mejoraron para acceder a un nuevo mercado. Nextiva construyó alianzas con integradores de sistemas, compañías de computadoras y teléfonos, en las cuales una relación fuerte podría generar docenas, si no es que cientos de nuevos clientes.

Orden

- A medida que Nextiva abordaba el nivel de ORDEN, introdujeron eficiencias en toda la organización. Una de mis favoritas fue en el departamento de ventas. Cuando caminas por el piso de ventas (sí, es un piso completo de personas, casi un par de cientos en mi último recuento), hay enormes monitores en las paredes que informan métricas en tiempo real. ¿Quién lidera las ventas del día? ¿Cómo están los equipos? ¿Quién consiguió el trato más reciente? En lugar de que un gerente convoque a reuniones y les diga a las personas cómo les está yendo ese día, los informes se automatizan y las personas se mantienen motivadas y encaminadas.

Impacto

- Éste retoma la misión de Nextiva. Lo sé porque llevo diez años usando sus sistemas telefónicos y voy a sus oficinas varias veces al año para compartir mi experiencia con sus teléfonos. Ahora soy parte del pequeño grupo asesor de la compañía.
- El mensaje es consistente. Tomas y el equipo de Nextiva tienen la intención de respaldar siempre al pequeño. Quizá

te suene familiar esta historia: cuando ibas en quinto de primaria, una vez estuviste en riesgo de pelearte en el patio de la escuela con el bravucón que te traía de puerquito. Entonces, un chico grande de secundaria se acercó. Ya sabes, el único niño que ya llegó a la pubertad, tiene músculos y barba... ¿en el pecho? Ese niño se acercó, te tocó la espalda y dijo: "Yo me encargo". Ese niño. Le dice al acosador que se largue y que nunca lo quiere volver a ver cerca de ti. El bravucón huye. Justo esto hace Nextiva por los pequeños negocios.

Legado

• Nextiva tendrá una larga vida, aun después de que Tomas se ocupe de otras cosas, porque buscan formas de competir consigo mismos. Mientras escribo esto, Nextiva está creando la segunda generación de NextOS, un combo de CRM y teléfono. El teléfono y CRM son uno. El correo electrónico, el teléfono, los mensajes de texto, las redes sociales... toda la comunicación se unifica con el perfil del cliente para que construya un historial de la relación con el cliente/prospecto y la inteligencia artificial determine a dónde va la relación y cómo administrarla mejor.

Quizá tú también experimentaste prejuicios en los negocios. Tal vez la gente ha hecho suposiciones sobre ti y tus habilidades. Es posible que tú solo te critiques o autosabotees. Al igual que Tomas, no estás definido por las percepciones de otras personas, incluso por tus propios temores sobre si puedes o no lograr el sueño americano para tu familia, tu personal y tú.

Estoy aquí para decirte que puedes. Y lo harás.

Ahora tienes la herramienta que te ayudará a crear un crecimiento sostenido y saludable; la herramienta que te facilitará determinar en qué área exacta de tu negocio debes enfocarte primero y qué problema solucionar. La PNN es la herramienta, la brújula, que hace *inevitable* dominar el negocio, siempre y cuando la uses.

✕

Si llevas meses, años o décadas en los negocios, ese tiempo es una prueba de que has dominado (o estás en el camino a dominar) los cientos de elementos que hacen que una compañía sea exitosa. Conseguiste prospectos y los volviste clientes. Has entregado tus productos o servicios; cobrado dinero y pagado a proveedores. Has dirigido con éxito empleados, clientes y días difíciles. Has ganado negocios sobre la competencia y celebrado; también perdido negocios, pero volviste a subir y empujaste tu empresa hacia adelante otra vez.

Estoy seguro de que tienes la habilidad y el impulso para mover el negocio a través de cualquier desafío. El hecho de que hayas logrado lo que tienes te convierte en un superhéroe en mi mente. Si quedara atrapado en la naturaleza, te elegiría como mi compañero de supervivencia. Tienes el impulso de seguir marchando a través de los periodos secos del desierto; la fuerza para atravesar el espeso y oscuro bosque de la distracción. Posees la energía para escalar las montañas y el coraje de enfrentar cualquier bestia que se cruce en nuestro camino.

Hay infinitas formas de abordar los desafíos comerciales: esa parte depende de ti. Mientras sepas qué camino tomar, llegarás a tu destino. Encontrarás la manera. Sé que está en ti.

Imagina tomar tu poder y canalizarlo en una dirección específica en lugar de saltar a las mismas cosas de ayer. Imagina la distancia que puedes recorrer, lo que puedes descubrir en el viaje, si sólo tuvieras una herramienta que te guiara hacia adelante, de manera constante.

Tu negocio es la mejor plataforma para la autoexpresión y servir. Es una fuerza poderosa que, cuando la canalices, te brindará las experiencias más milagrosas. Espero que el conocimiento que adquiriste en este libro se convierta en la herramienta de navegación más confiable para tu negocio, que te sirva en los años venideros y que sirva al legado de tu compañía para las generaciones futuras. Y al igual que mi amigo Dave Rinn, a quien te presenté en la introducción, espero que pongas la hoja de la PNN sobre tu escritorio. O que, al menos, la dibujes en un pedazo de papel y la mantengas a tu lado como recordatorio de que cuando enfrentes las innumerables consideraciones de operar tu negocio, te des una pausa, encuentres tu necesidad vital y la satisfagas.

Estoy orgulloso de ti, mi amigo empresario. Y me siento honrado de que me hayas permitido, aunque sea de una forma pequeña, ser parte de tu viaje.

Agradecimientos

El correo electrónico de AJ decía: "Necesitamos un fin de semana juntos para escribir el esquema de *Un paso a la vez*. Nos reservé una casa *tranquila y remota* en el estado de Nueva York". Al llegar, mi compañera de escritura, AJ Harper, y yo abrimos la puerta de la casa de los horrores. Los paneles de madera de la década de 1970 fueron la única parte reconfortante. Pero tal vez estaba destinado a ser así. La decoración (o falta de ella) y el miedo a aventurarnos afuera nos mantuvieron enfocados en una sola cosa: escribir este libro.

AJ fue implacable en su compromiso de convertir *Un paso a la vez* en el mejor libro posible. Todo el tiempo repetía: "¿Cómo hacemos esto más simple?" y "¿Cómo podemos mejorar esto?" Este libro no sólo es el resultado de cinco años de investigación y escritura, es el resultado de una asociación de trece años entre AJ y yo. No puedo pensar en una mejor compañera de escritura y mejor amiga. Gracias, AJ.

"Esto es impacto." Estas simples palabras resolvieron el nivel faltante en la *pirámide de necesidades de los negocios*. No fue mi idea, sino de Kelsey. Kelsey KRE Ayres es la presidenta de Obsidian Launch LLC, la empresa gestora de la marca Mike Michalowicz. Kelsey se dedica a la erradicación de la pobreza empresarial. Lidera nuestro equipo como sólo ella puede hacerlo, a través de amabilidad, generosidad y aprecio. Es un honor trabajar contigo, Kelsey.

La experiencia de escribir *Un paso a la vez* fue extraordinaria, salvo una pequeña excepción: el día que mi editor, Kaushik Viswanath, me llamó para decirme que se iba. Después de trabajar conmigo en *La ganancia es primero*, *El sistema Clockwork* y *Un paso a la vez*, Kaushik decidió buscar un nuevo puesto en una compañía diferente. Es una pérdida difícil para Penguin y devastadora para mí. ¡Espera una docena de rosas de mi parte! A veces porque te extraño y, también, porque me gusta avergonzarte.

Gracias a Liz Dobrinska, mi directora de arte y diseñadora de sitios web. Trabajó en la portada de este libro, el diseño de mis páginas de internet y ha sido mi consultora de marca exclusiva durante más de quince años. Gracias por estar conmigo a través de los altibajos, Liz. Eres de clase mundial.

Paul *2JU* Scheiter se unió a nuestro equipo como consultor de sistemas y procesos. No sólo es un ingeniero maestro, es la definición de amigo supremo. Me dice *mis cosas* porque le importo. Te amo, Paul, inteligente y loco pueblerino.

Gracias, Jeremey *J-Kablown* Smith, otro loco pueblerino, por seguir adelante y asegurarte de que nuestro mensaje sobre la erradicación de la pobreza empresarial siga saliendo de nuevas maneras.

Gracias, Amy *Billy Ray Gumpersome* Cartelli, por tu dedicación para hacer lo necesario para servir a nuestra empresa. Siempre serás la mejor chica de preparatoria que haya conocido (a pesar de que me llamaste *Mi-cal-low-shits*).

Eres una estrella de rock, Jenna *Jememma* Lorenz. Gracias por gestionar toda la comunicación con nuestros lectores. No imagino a nadie haciendo el trabajo mejor. ¿Tu secreto? ¡Te importa mucho! Por cierto, sé que odias tu apodo y por eso se queda.

Gracias a Lisa Pilazzi por programar todos mis eventos de charlas, podcasts, seminarios web, apariciones en televisión y entrevistas. Bien hecho, bombera.

¡Amber Vilhauer! DIOS MÍO. ¡Eres una máquina! Estoy asombrado por tu dedicación al éxito de *Un paso a la vez*. Gracias desde el fondo de mi corazón. No puedo esperar al lanzamiento de tu libro.

Gracias a Patti Zorr por ser la *gran documentadora* del plan para comercializar *Un paso a la vez*. Nos mantuviste en el buen camino y nos diste increíbles ideas de *marketing*.

Gracias a Lillian Ball, mi publicista en Penguin. Tu disposición para trabajar con nuestros locos planes de marketing significa todo para mí.

Y lo más importante, toda la gratitud del mundo a mi esposa, Krista Michalowicz. Gracias por apoyar mi sueño de ser autor y acompañarme en el viaje. Mi última solicitud fue: "Hola, cariño, necesito revisar una casa que tiene algo así como doscientas habitaciones. La mujer que lo construyó huía de los espíritus malignos. Necesito incluir una historia al respecto en mi libro. Vuelo mañana. ¿Quieren venir?" Tu respuesta "¡Claro que sí!" es otra confirmación de que me casé con mi mejor amiga. I live you [Te vivo] (no es un error tipográfico).

Encuentra un asesor

NOMBRE DEL NEGOCIO	URL
Dr. Sabrina Starling	Tap the Potential LLC	https://www.tapthepotential.com/
Dean Carlson	Fit For Profit	https://fitforprofit.com/
Lee Collins	Repeat Profits, LLC	https://repeatprofits.com/
Alison Beierlein	Alison Beierlein Small Business Consulting	https://www.alisonbeierlein.com/
Mark Coudray	Coudray Growth Technologies	http://www.coudray.com/
Ron Allen	Exigo Business Solutions	https://www.exigobusiness.com/
Shawn Walsh	Encore Strategic Consulting, LLC	https://encoresc.com/
Christeen Era y Dave Rinn	Core Growth Strategies	https://www.coregrowthstrategies.com/
Rob Foncannon	Foncannon CPA Group	https://www.foncannontax.com/
Brenda Batista- Mollohan	Inspiring Company Culture	https://www.inspiring companyculture.com/
Stuart Bryan	AutoCorrect Consulting, LLC	https://www.autocorrectconsulting.com/
Azim Sahu-Khan	Business Performance Tuning	http://www.businessperformancetuning.com.au/
Billy Bush	Recode Strategy	https://recodestrategy.com/
Linda Brown	Spire Business Inc.	https://spirebusiness.com/
Stacie Hays	Grace Ridge Finance	https://www.grace ridgefinance.com/
Karen Dellaripa	Beyond Your Books	http://beyondyourbooks.com/
Jillian Verdun	JMV Financial Services	https://www.jmvfinancialservices.com/
Kasey Anton	Spark Business Consulting	http://www.sparkbusinessconsulting.com/
Toni Turner	The Business Planner	http://www.thebplanner.com.au/
Alicia Laursen	Alicia's Accounting Associates, Inc	http://www.aliciasaccounting.com/

Glosario de UPV

Un Paso a la Vez (UPV): Sistema para identificar y resolver las necesidades de una empresa en una secuencia que facilitará el crecimiento más rápido y saludable.

análisis UPV: Proceso de cuatro pasos utilizado para determinar la necesidad vital de una empresa. Ya que la necesidad vital se resuelve por completo o se encuentra en camino de resolución constante/predecible, el análisis UPV se repite para encontrar la próxima necesidad vital.

asesor certificado en Un Paso a la Vez: Asesor profesional que ha recibido capacitación avanzada y ha aprobado un examen de certificación anual en Un Paso a la Vez. Un asesor certificado en Un Paso a la Vez es experto en procedimientos avanzados de UPV y está calificado para trabajar con empresarios en el proceso de UPV. Visita FixThisNext.com para más información.

El sistema Clockwork: Libro que detalla el proceso para hacer que un negocio funcione de forma automática, sin la participación activa del propietario o propietarios. El libro documenta el proceso de eficiencia organizacional e identifica unas vacaciones de cuatro semanas como la prueba de fuego para un negocio que puede funcionar sin el propietario.

El empresario del papel higiénico: Libro para nuevas empresas o negocios en dificultades, detalla cómo aprovechar los recursos insuficientes para su mayor ventaja. La falta de efectivo, la falta de experiencia y la falta de clientes es la mejor manera de crear oportunidades ingeniosas que cambien la industria.

El Gran Plan: Un libro que explica el proceso de crecimiento explosivo y orgánico. Usando la analogía del cultivo de calabaza gigante, explica que la eliminación de clientes que distraen (calabazas malas) y la concentración de ofertas específicas para nichos específicos resultan en un crecimiento fuerte y saludable.

entrepre-Joneses: Empresarios con los que otros empresarios se comparan o se sienten obligados a seguir el ritmo (en especial cuando no es saludable de forma financiera).

etapa de dar: Los dos niveles más altos de PNN, incluidos IMPACTO y LEGADO. En estos niveles el negocio se posiciona como un contribuyente social que se mantendrá a largo plazo.

etapa de recibir: Los tres niveles básicos de la PNN, incluidas VENTAS, GANANCIAS y ORDEN. En estos niveles fundamentales el negocio genera dinero, estabilidad y eficiencia para que pueda mantenerse.

La ganancia es primero: Un libro y una metodología que guían al dueño de un negocio a tomar un porcentaje predeterminado de ingresos y asignarlo como ganancia. En otras palabras, quitar la ganancia del negocio y funcionar con lo que queda. Éste es el principio de págate-a-ti-primero aplicado a los negocios.

necesidad básica sin palomita: Una necesidad que no se cumple de manera satisfactoria. Por lo general, una empresa tendrá múltiples necesidades básicas sin marcar en un momento dado. De éstas, identificamos la necesidad vital como la necesidad básica sin palomita más apremiante en el nivel más bajo de la PNN.

necesidad vital: El obstáculo más importante que tu empresa experimenta en este momento. Es el elemento de tu negocio que debes arreglar ahora para facilitar un crecimiento rápido y saludable. Cuando una necesidad vital se resuelve por completo o se encuentra en un camino constante/predecible hacia la resolución, usa el análisis UPV para identificar la siguiente necesidad vital que debes abordar.

necesidades básicas: Un total de veinticinco necesidades en los cinco niveles de la PNN que representan las necesidades fundamentales que tienen todas las empresas.

nivel de ganancias: El segundo nivel de la PNN, las GANANCIAS, son las retenciones de efectivo creadas por las ventas. Aportan estabilidad a un negocio.

nivel de impacto: El cuarto nivel de la PNN, IMPACTO, es la creación de experiencia transformadora para los clientes de una empresa, incluso para sus empleados y proveedores. En este nivel, el negocio se aleja de las transacciones (necesarias en los tres niveles anteriores) para lograr la transformación y un mayor significado para clientes, empleados y proveedores.

nivel de legado: El nivel más alto de la PNN, LEGADO, es la creación de permanencia. La estructura del negocio se mejora para *sobrevivir* sin el dueño de la organización y para que la empresa se transforme de manera dinámica ante el mercado cambiante.

nivel de orden: El tercer nivel de la PNN, ORDEN, es la creación de eficiencia en toda la organización. El negocio no depende de ningún individuo para su funcionamiento continuo y saludable.

nivel de ventas: El nivel más básico de la PNN, VENTAS, es necesario para que una empresa genere efectivo.

***old-fashioned*:** Mi nuevo amor de libación y tal vez el tuyo también. ¿Quién sabía que algo podría competir contra una margarita o un tequila gimlet? Disfruta un whisky o tu bebida favorita cada vez que arregles una necesidad vital.

OMEM: Técnica para definir, monitorear y ajustar objetivos. OMEM es la sigla de cuatro pasos:

1) Objetivo: Establecer el resultado que quieres lograr.

2) Medición: Determinar las formas en que medirás el progreso hacia tu objetivo.

3) Evaluación: Comprometerte con la frecuencia con la que revisarás las mediciones.

4) Modificación: Especificar cómo ajustarás el objetivo, la medición y la evaluación si no estás logrando lo que quieres.

pirámide de necesidades de los negocios (PNN): La PNN se basa en la pirámide de necesidades de Maslow y representa los cinco niveles de necesidades de cualquier negocio. Cada nivel básico debe soportar de manera adecuada las necesidades del nivel superior. Los niveles, en orden desde las necesidades más esenciales hasta las más altas, son: VENTAS, GANANCIAS, ORDEN, IMPACTO y LEGADO.

pirámide de necesidades de Maslow: Concepto originalmente propuesto por Abraham Maslow en 1943 como *A Theory of Human Motivation* (Una teoría de la motivación humana, en español). Especifica cinco categorías de necesidades humanas. En orden, desde la necesidad más esencial hasta la más alta, son: fisiológicas, seguridad, pertenencia, estima y autorrealización.

Surge: Un libro que especifica un proceso para convertirse en un líder de la industria. Los negocios que identifican nichos de mercado, monitorean los movimientos en esa vertical y crean ofertas frente a la creciente demanda atrapan la ola de ese espacio, posicionando así a la empresa como la próxima autoridad de la industria.

teoría de las restricciones: Popularizada por Eli Goldratt en su libro *La meta*, es la teoría de que un proceso puede moverse tan rápido como la salida del cuello de botella (la parte más lenta del proceso).

trampa de doble hélice: Término popularizado por el autor comercial Barry Moltz. Es cuando el enfoque de tu empresa oscila entre las ventas y los productos finales. El negocio es incapaz de crecer al mismo tiempo y, como resultado, el crecimiento se estanca.

trampa de la supervivencia: El resultado de responder a un problema aparente y urgente mientras descuidas de forma involuntaria las consideraciones que moverán el negocio hacia tu visión. Se caracteriza por la sensación de *dar dos pasos hacia adelante y luego tres pasos hacia atrás.*

Hojas de trabajo

PASO 1: Palomea las necesidades básicas satisfechas.

PASO 2: Identifica la necesidad vital.

PASO 3: Arregla la necesidad vital.

PASO 4: Ya que arreglaste la necesidad vital, repite el proceso.

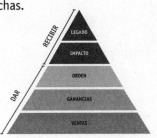

1

VENTAS
- [ ] Congruencia con el estilo de vida
- [ ] Atracción de prospectos
- [ ] Conversión de clientes
- [ ] Cumplir los compromisos
- [ ] Cobrar

GANANCIAS
- [ ] Erradicación de la deuda
- [ ] Márgenes saludables
- [ ] Frecuencia de transacción
- [ ] Apalancamiento positivo
- [ ] Reservas de efectivo

ORDEN
- [ ] Minimizar el esfuerzo desperdiciado
- [ ] Alineación de roles
- [ ] Delegar resultados
- [ ] Redundancia de personas claves
- [ ] Buena reputación

IMPACTO
- ☐ Orientación de transformación
- ☐ Motivación de la misión
- ☐ Alineación de sueños
- ☐ Retroalimentación
- ☐ Red complementaria

LEGADO
- ☐ Seguimiento de la comunidad
- ☐ Transición intencional del liderazgo
- ☐ Promotores con la camiseta puesta
- ☐ Dinámica trimestral
- ☐ Adaptación continua

2

El nivel actual es: _____

La necesidad vital es: _____

3

Objetivo: _____

_____

Medición: _____

_____

Evaluación: _____

_____

Modificación: _____

_____

4

Ya que arreglaste la necesidad vital, repite este proceso.

LOGRADA **VENTAS**

☐ 1 **Congruencia con el estilo de vida:** ¿Sabes cuál debe ser el rendimiento de ventas de la compañía para mantener tu comodidad personal?

☐ 2 **Atracción de prospectos:** ¿Atraes suficientes prospectos de calidad para respaldar las ventas que necesitas?

☐ 3 **Conversión de clientes:** ¿Conviertes suficientes prospectos en clientes para respaldar las ventas que necesitas?

☐ 4 **Cumplir los compromisos:** ¿Siempre le cumples al cliente lo que prometes?

☐ 5 **Cobrar:** ¿Tus clientes cumplen sus compromisos por completo?

GANANCIAS

☐ 1 **Erradicación de la deuda:** ¿Eliminas tus deudas en vez de acumular más?

☐ 2 **Márgenes saludables:** ¿Tienes márgenes de ganancias saludables dentro de tus ofertas y todo el tiempo buscas formas de mejorarlos?

☐ 3 **Frecuencia de transacción:** Por lo general, ¿tus clientes prefieren comprar contigo que con otras alternativas?

☐ 4 **Apalancamiento positivo:** Cuando te endeudas, ¿es para generar una rentabilidad mayor y predecible?

☐ 5 **Reservas de efectivo:** ¿El negocio tiene suficientes reservas de dinero en efectivo para cubrir todos los gastos durante tres meses o más?

ORDEN

☐ 1 **Minimizar el esfuerzo desperdiciado:** ¿Tienes un modelo permanente y funcional para reducir los cuellos de botella, ralentizaciones e ineficiencias?

☐ 2 **Alineación de roles:** ¿Los puestos y responsabilidades de las personas coinciden con sus talentos?

☐ 3 **Delegar resultados:** ¿La gente más cercana al problema tiene el poder de resolverlo?

☐ 4 **Redundancia de personas clave:** ¿Tu negocio está diseñado para funcionar sin los empleados principales?

☐ 5 **Buena reputación:** En tu industria, ¿te reconocen por el ser el mejor en lo que haces?

IMPACTO

☐ 1 **Orientación de transformación:** ¿Tu negocio beneficia a los clientes a través de una transformación, más allá de la transacción?

☐ 2 **Motivación de la misión:** ¿Todos los empleados (incluyendo a los líderes) están más motivados por cumplir la misión que por sus puestos individuales?

☐ 3 **Alineación de sueños:** ¿Los sueños individuales se alinean con la gran visión del negocio?

☐ 4 **Retroalimentación:** ¿Tu gente, clientes y comunidad se sienten empoderados para dar retroalimentación crítica y halagadora?

☐ 5 **Red complementaria:** ¿Tu negocio colabora con proveedores (incluyendo competidores) que atienden a los mismos clientes para mejorar sus experiencias?

LEGADO

☐ 1 **Seguimiento de la comunidad:** ¿Tus clientes defienden, apoyan y ayudan al negocio de manera entusiasta?

☐ 2 **Transición intencional del liderazgo:** ¿Hay un plan para que el liderazgo cambie y se mantenga fresco?

☐ 3 **Promotores con la camiseta puesta:** ¿La organización es promovida por personas (dentro y fuera del negocio) que no necesitan dirección?

☐ 4 **Dinámica trimestral:** ¿Tu negocio tiene una visión clara de su futuro y, dinámicamente, se ajusta de forma trimestral para que dicha visión se haga realidad?

☐ 5 **Adaptación continua:** ¿El negocio está diseñado para adaptarse y mejorar de manera constante, incluyendo encontrar formas de hacerlo?

Descubre más libros

¿Quieres pasar menos tiempo trabajando?
¿Quieres ganar más dinero?
¿Quieres ser líder en tu industria?
¿Quieres hacer crecer tu negocio rápido y fuerte?
¿Quieres construir tu primera empresa?
Disponible ahora en: Barnes & Noble y Amazon
mikemichalowicz.com
¿Quieres que Mike presente o diga un discurso inaugural en tu
próximo evento? ¡HAGÁMOSLO!
Li Hayes
Coordinadora de discursos de Mike Michalowicz
888-244-2843 x 7008
Li@MikeMichalowicz.com
MikeMichalowicz.com/Speaking
Mike Michalowicz sólo trabaja con GoLeeward.com, la firma líder
de administración de oradores y conferencistas. Contrata a Mike u
otros oradores de clase mundial visitando GoLeeward.com. ¡Por
fin! ¡Tu próximo evento se beneficiará de la gestión profesional de
los oradores, sin tarifas de agencia!
www.GoLeeward.com

Un paso a la vez de Mike Michalowicz
se terminó de imprimir en febrero de 2021
en los talleres de
Litográfica Ingramex, S.A. de C.V.
Centeno 162-1, Col. Granjas Esmeralda, C.P. 09810
Ciudad de México.